관자

최고의 국가 건설을 위한 현실주의 사상

차례
Contents

프롤로그 ; 관중과 그의 텍스트 『관자』

관중이 추구한 시대정신

'관자(管子)'는 공자(孔子, 기원전 551~기원전 479)나 노자(老子, 기원전 570?~기원전 479?)와 같은 사상가에 비하면 우리에게 익숙한 존재는 아니다. 그러나 '관포지교(管鮑之交)'라는 고사에 나오는 관중(管仲)이 바로 관자라고 하면, 동양 고전에 문외한인 사람도 바로 알아차린다.

관중의 이름은 이오(夷吾)다. 자(字)는 중(仲)이며, 춘추시대 영상(潁上) 출신이라고 한다. 영상은 지금의 안휘성(安徽省) 북부 지역이다.

그의 생존 연대는 모호하다. 기록에 의하면, 기원전 658년 주나라 장왕(莊王) 12년에 제나라 환공(桓公)의 재상으로 40여 년 정도 활약하다가 기원전 645년 주나라 양왕(襄王) 7년에 죽었다. 이런 사실로 미루어 볼 때, 기원전 725년에서 기원전 645년경에 생존했던 인물로 추측된다. 유학의 창시자이자 동양 최고 스승으로 상징되는 공자나 도가의 비조(鼻祖)인 노자보다 100여 년 정도 앞선 인물로, 지금부터 약 2,600년 전에 활동했던 사상가다.

관중이 살았던 춘추시대는 혼란의 막이 무대에 오르던 시기였다. 주나라 초기 사회 체제 유지의 핵심이던 봉건제나 도덕주의가 무너지면서 난세가 고조되던 일종의 변혁기였다. 변화와 혁신의 과정을 겪고 있던 당시 정치지도자나 관료들의 고민은 간단했다.

"이 난세를 어떻게 다스릴 것인가?"

"시대를 선도하며 새로운 천하 질서를 재편할 수 있을까?"

관중은 이러한 험난한 세월을 견뎌내며, 제나라를 당대 최고의 국가로 끌어올린 탁월한 재상으로 손꼽는다.

관중은 정치를 행할 때 드라마틱한 반전을 일궈내곤 했다. 화(禍)가 될 일도 상황을 제대로 인식하고 그것을 적절하게 이용하여 복(福)으로 바꾸었다. 실패할 확률이 높은 일도 최선을 다하여 성공으로 이끌었다. 일의 경중(輕重)을 적확(的確)하게 헤아리고 득실을 저울질하는 데 신중했다. 무엇보다도 그는 관념적인 일 처리를 지양하고, 실제적인 행위로 정치질서를 유지하는 방법을 모색했다. 이런 현실적이고 구체적인 방법을 통해 정치, 경제, 법률, 군사, 교육 등 국가 질서의 회복을 꾀하였던 관중은 후대에 현실주의 사상가로 보이기에 충분하다.

『관자』「목민(牧民)」에는 그것을 증명이라도 하듯, 다음과 같은 명문장을 기록하고 있다.

"사람은 창고가 차 있어야 예절을 알고, 먹을 것과 입을 것이 풍족해야 영욕(榮辱)을 안다. 지도층이 먼저 법도를 지켜야 집안이 평안하고, 국가의 기강이 정돈되어야 나라가 멸망하지 않는다!"

이런 인식은 예절을 중시하며 내면적 삶의 질서를 주요한 가치로 여기던 당시의 기득권층과 사상계에 큰 충격을 던져 주었다. 당대의 시각으로 보면 관중의 정치적 실천은 혁신적이었다. 간단하면서도 신선한, 일종의 시대정신을 담고 있었다. 그의 새로운 사유는 이런 차원에서 많은 사람들에게 다가섰다.

"인간 삶의 질서는 건전한 덕성(德性)의 확보 차원에 그쳐서만은 안 된다. 정치, 경제, 교육 등, 삶의 근원적 차원에서 현실적 요구가 충족되어야 한다. 반듯한 삶의 질서는 도덕적 경지와 삶의 현실성이 조화를 이룰 때 가능하다."

그것은 관념적이고 내면적이며 주관적인 것보다 실제적이고 외면적이며 객관적인 것들이 충족되어야 삶의 도덕 질서와 세상의 규율이 확립된다는 생각과 상통한다.

앞에서 언급했듯이, 관중은 '관포지교'로 익숙하다. 그러나 제대로 세상에 알려지기 전까지 대다수의 민중은 『관자』의 사상 자체를 쉽게 인식하지 못하고 있었다.[1] 여기에서 간략하나마 관자의 사유를 유람할 기회를 가져 본다.

인간이 빚어 놓은 사상은 대부분 풍토(風土)와 맞닿아 있다. 태어나고 자라고 경험한 세계는 지적 성장의 바탕이 되고 삶의 행위를 연출한다. 관중도 마찬가지였다.

관중이 현실주의적 사고를 발휘하는 데는 그가 출생한 지역인 영상의 사회 상황과 연관된다. 당시 영상은 꽤 발달한 상업 도시였다. 때문에 상업 활동을 위한 산술적 계산이나 수요 공급의 문제, 재화의 운용 법칙과 같은 경제적 측면의 사유가 발달하였다. 그런 분위기는 관중이 뛰어난 경세(經世) 사상가로 성장하는 데 일조했을 것이다. 사마천(司馬遷, 기원전 145?~기원전 86?)이 『사기(史記)』「관안열전(管晏列傳)」에 관중과 포숙이 함께 장사했던 모습을 구체적으로 언급한 것으로 보아, 관중은 어릴 때부터 현실적 경제관념을 터득한 것으로 판단된다.

관중은 상업도시의 유통 경제를 바탕으로 교역의 증대를 통해 부를 축적하고, 그것을 토대로 강력한 군대를 만들어 부강한 나라를 건설할 수 있다고 주장했다. 다시 말하면, 정치, 군사, 경제, 법제, 과학기술, 교육 등 시대를 선도할 개혁을 주장하고 실천하면서 강력한 현실주의로 나아갔다. 때문에 관중의 현실 개혁은 국민이 무엇을 좋아하고 싫어하는지 파악하고 그것을 거역하지 않는 슬기를 발휘하면서 진행되었다. 그러한 그의 지혜는 환공을 통해 천하를 통일할 수 있는 밑거름으로 작용하였다.

공자가 『논어(論語)』「헌문(憲問)」에서 지적한 것처럼, 관중의 인품은 인의(仁義)와 같은 도덕적 측면에서 상대적으로 부족하였다. 그러나 제나라 환공을 보좌하여 제후를 지도하고 평화를 유지하는 정치적 공적은 화려했다. 그것은 자국민을 이민족으로부터 보호하여 중국 문명을 보전할 수 있는 기틀을 마련하는 계기가 되었다.

『관자』라는 텍스트와 그 특징

『관자』는 관중이 죽은 후 전국시대부터 널리 읽혔다고 한다. 전국시대에서 전한(前漢)에 이르기까지 한비자(韓非子, 기원전 280?~기원전 233)나 가의(賈誼, 기원전 200~기원전 168), 사마천과 같은 걸출한 학자들도 이 책을 접하였다. 그런 점에서 『관자』가 중국 고대 사상계에서 어떤 위상을 차지하고 영향력을 미쳤는지 추측할 수 있다.

한나라 성제(成帝) 때의 유향(劉向, 기원전 77~기원전 6)은 당시 유행하던 여러 종류의 판본을 모아 『관자』를 86편으로 편집하였다. 현재 전하는 『관자』도 모두 86편인 것으로 볼 때, 유향이 편집한 책이 오늘까지 전해지고 있다고 생각된다. 하지만 「왕언(王言)」, 「모실(謀失)」, 「정언(正言)」, 「언소(言昭)」, 「수신(修身)」, 「문패(問覇)」, 「목민해(牧民解)」, 「문승마(問乘馬)」, 「경중병(輕重丙)」, 「경중경(輕重庚)」 등 10편은 제목만 있고 내용이 없다. 따라서 실제로 『관자』는 76편만 전한다. 내용이 없어진 10편 중 어떤 것은 현존하는 76편 가운데 뒤섞여 들어간 부분도 있는 듯하다.

『관자』의 저술 시기와 연대, 저술자에 대해서는 의견이 분분하다. 최근 연구 성과에 의하면, 『관자』는 관중이 직접 저술한 것이 아니라고 한다. 관자의 이름에 의탁하여 여러 사람이 지은 일종의 텍스트(Text)라는 것이다. 특히 한 사람이 특정한 시기에 쓴 것이 아니라, 여러 사람이 오랜 시간에 걸쳐 쓰고 현존하는 형태의 『관자』로 종합한 것으로 보인다. 관중이 직접 저술한 것이 아니라고 보는 근거는 『관자』의 내용 가운데 관중이 죽은 이후의 역사적 사실이 종종 언급되기 때문이다.

또한 『관자』에는 관중과 환공의 대화가 많이 나온다. 여기에서 '환공'은 공자(公子) 소백(小白)이 죽은 이후에 붙여진 시호다. 그런데 관중은 소백보다 먼저 죽었다. 때문에 관중은 소백에게 '환공'이라는 시호가 부여되었는지 알 수 없었다. 그럼에도 불구하고 『관자』에는 관중이 소백을 환공이라고 부르고 있다. 이는 『관자』가 관중의 직접 저술이라기보다는 관중의 이름에 의탁한 후학들의 저작임을 반증한다.

물론 『관자』는 관중의 사상과 언행, 다양한 정치 전략과 전술을 기술하고 있다. 그러나 관중 자신의 직접 저술이 아닌 것만은 분명하다. 그렇다면 누가, 왜, 『관자』라는 방대한 분량의 저술을 기획했을까? 그 가능성은 몇 가지로 유추할 수 있다.

첫째, 관중의 제자나 빈객(賓客), 자손이 관중의 정치적 행보나 관련 사실에 대해, 보고 들은 내용을 기술했다.

둘째, 전국시대의 유세가(遊說家)나 학자들이 전해 들은 내용을 기술했다.

셋째, 전국시대나 진나라 때 어떤 학자가 관중의 행위와 사상을 바탕으로 자기의 뜻을 가탁(假託)하여 펼치려고 했다.

넷째, 전국시대 직하학파(稷下學派)[2]의 학자들이 중심이 되어 관중의 사상을 빌어 당시의 학술을 종합하여 기록했다.

이런 다양한 가능성에도 불구하고, 그 어떤 사실도 확인된 것은 없다. 『관자』에 담긴 내용을 통해 저술의 의도를 추측할 뿐이다. 이는 『관자』라는 저술이 그만큼 논란이 될 수 있다는 뜻이다. 특히 위작(僞作)으로 의심받기에 충분하다.

『관자』에서 「판법(版法)」이나 「대광(大匡)」 등은 춘추시대의 저술이지만, 대부분의 내용은 전국시대에 이루어진 것이다. 관자가 직접 저술한 것으로 알려진 「목민(牧民)」, 「형세(形勢)」, 「권수(權修)」, 「입정(立政)」, 「승마(乘馬)」, 「칠법(七法)」, 「판법(版法)」, 「유관(幼官)」, 「유관도(幼官圖)」, 「오보(伍輔)」 등도 대부분 전국시대에 저술한 내용으로 평가된다. 왜냐하면 이들 편에 담겨 있는 내용 중 비중이 큰 '부국(富國)'이나 '무본식말(務本飾末)'[3] 사상은 모두 전국시대에 적극적으로 제기되는 주장들이기 때문이다. 또한 『관자』의 정치사상은 제나라 정권과 밀착되어 있는데, 이는 전국시대 제나라 직하학궁(稷下學宮) 학자들의 의견이 상당수 포함된 것으로 보인다. 그러나 몇몇 편은 진한(秦漢)시대에 저술한 것으로 판단된다. 이처럼 『관자』는 여러 시기의 저작이 복합된 거대한 텍스트다.

뿐만 아니라, 『관자』는 오자(誤字), 탈자(脫字), 연자(衍字), 괴자(怪字), 고자(古字), 탈구(脫句), 연구(衍句)가 많기로 유명하다. 주석이 본문에 끼어들거나 본문이 주해 사이에 잘못 들어간 경우도 있고, 이편과 저편의 구절이 뒤섞인 경우도 있어, 읽기가 어려운 텍스트 가운데 하나로 꼽힌다.

내용에서도 정치, 경제, 법률, 군사, 철학, 교육, 자연과학 등 광범위한 주제를 다루고 있어, 마치 백과전서적인 사상의 다양성을 경험하게 한다. 그것은 도가(道家), 법가(法家), 유가(儒家), 병가(兵家), 음양가(陰陽家), 농가(農家), 의가(醫家) 등 춘추전국시대 다양한 학파의 사상과 주장이 혼용되어 있다는 의미다. 따라서 『관자』는 춘추전국시대, 중국 고대 사상 연구에서 중요한 문헌으로 자리매김할 수 있다.

사상의 차원에서 볼 때, 『한서(漢書)』「예문지(藝文志)」에 의하면, 『관자』는 도가(道家)로 분류된다. 반면 『수서(隋書)』「경적지(經籍志)」에는 법가(法家)에 포함되어 있다. 후대 사람들은 이를 근거로 관자를 법가의 뿌리 혹은 도가의 한 부류로 분류하였다. 내용으로 볼 때, 『관자』가 법가나 명가, 종횡가나 음양가의 근원이라는 것을 부인하기 어렵다. 그러나 그것은 직하학파에 의해 사상적으로 재편성되는 단계에서 이루어진 것으로 추정된다.

『관자』의 현실주의

　관중이 활동하던 당시에는 제자백가와 같은 학파가 별도로 존재하지 않았다. 관중 자신도 특정한 학파나 학술 사상에 의지하기보다는 자신의 시대 문제를 해결하기 위하여 역사적으로 전수된 지혜를 종합하고 현실 문제를 푸는 데 응용하려고 했다. 즉, 관중은 현실 문제에 실리적으로 대처하고 정치적 분열을 적극적으로 막아 부강한 나라와 국민의 평안을 소망한 사상가였다. 그것은 『관자』의 첫 장에도 드러나듯이 '국민 다스리기', 이른바 '목민(牧民)'을 핵심으로 한다. 관중은 이처럼 국민의 삶을 고민한 현실주의 사상가이자 실천가였다.

법치와 도덕의 조화를 통한 현실 정치

상나라[4]와 주나라의 교체기에, 문왕(文王)은 도덕주의를 앞세우고 강태공(姜太公) 여상(呂尙)의 현실적 경세주의를 내세웠다. 이 둘의 융합은 성공적인 개혁을 이끌어 냈다. 그러자 도덕을 높이고 권모술수(權謀術數)를 억제하는 주공(周公)의 정치적·문화적 조치와 정책이 뒤따랐다. 이후 문왕의 덕치주의는 노나라에 심어졌고, 강태공의 현실주의는 제나라에 이식되어 노학(魯學)과 제학(齊學)을 탄생시켰다.

이러한 시대 상황에서 관중은 중원 문화의 벽지(僻地)였던 제나라를 경영해야 했다. 관중은 자기가 살던 지역의 지정학적인 여건을 반영한 존현(尊賢)[5]의 정책을 쓰면서 동시에 '존왕양이(尊王攘夷)'를 내걸고 천하의 질서 안녕을 위해 노력하였다. 즉 상나라에서 주나라로 교체되는 시기에 잉태된 제노학(齊魯學)의 회통(會通)을 구상하였던 것이다. 여기에서 그의 융합적이고 통섭적 사고가 잘 드러낸다.

간혹, 관중을 유가나 법가, 양면을 겸비한 사상가로 보기도 한다. 그렇더라도 그의 사상을 전국시대의 법가나 관념적 이상주의에 빠진 유가로 보면 안 된다. 관중은 자신의 정치적 포부나 입지, 실천 철학을 밝힐 때 언제나 현실적으로 힘을 발휘하며 모범이 되었던 정치지도자를 거론한다. 수시로 "선왕을 본받아라!"라는 '법선왕(法先王)'을 주장하며, 친친상은(親親上恩)[6]의 정책을 강조한다. 그것은 「대광」이나 「중광」, 「소광」 등에 나오는 환공과의 대화에서 구체적으로 드러난다.

"제후국의 군주는 다른 나라의 토지를 탐내서는 안 된다. 토지를 탐내려면 반드시 군사(軍事)에 힘써야 한다. 문제는 군사에만 힘을 쓸 때다. 군사에만 힘쓰다 보면 반드시 국민이 궁핍해지고, 국민이 궁핍해지면 그 원인을 덮기 위해 국민을 속여야만 한다. 지속적으로 국민을 속이면 나중에는 그들에게 믿음을 잃게 된다. 국민이 불신으로 가득 차면 난동이 일어나고, 안으로 난동이 일어나게 되면 군주 자신에게 위험이 닥친다. 그러므로 옛날에 선왕의 길을 들은 사람은 군비 경쟁을 하지 않았다.

사방(四方)의 경내(境內)를 사랑한 다음에 바깥의 착하지 못한 무리를 미워할 수 있고, 경대부(卿大夫)의 집안을 편안히 한 다음에 적국(敵國)을 위협할 수 있고, 소국(小國)에 은혜를 내린 다음에 무도(無道)한 대국(大國)을 벌할 수 있고, 어질고 훌륭한 신하를 등용한 다음에 법을 어기는 비천한 국민을 퇴출할 수 있다. 이런 까닭에 선왕(先王)은 반드시 먼저 세우고 그다음에 폐지하였으며, 반드시 먼저 이롭게 하고 그다음에 해로움을 두었다.

옛날에 우리 선왕이신 주나라 소왕·목왕께서 대대로 문왕·무왕의 위대한 전통을 본받으시어 명예를 얻었다. 여러 나라의 정황을 모으고 국민으로서 도가 있는 사람을 비교 고찰하여 모범이 되는 전형을 만들어서 국민의 기강으로 삼았다. 어진 사람의 미덕을 본받아 서로 이어받고, 어진 사람의 덕행을 기록하여 이어서 스스로 힘쓰게 하여 어린 시절부터 노년 시절까지 이르게 하였다. 상을 하사하는 것으로 권장하고, 형벌로 규찰하고, 어른의 거처를 깨끗이 하여 존경을 표하고, 어른을 편안하게 해주는 '경노존현(敬老尊賢)'을 평소 국민이 지켜야 할 규범으로 삼았다."

관중은 옛 선왕들의 교훈을 많이 원용한다. 그것은 전통 사상에 대해 존중하는 나름의 소신을 담고 있다. 그랬기에 관중의 정치적 실천은, 당시 주변 강대국의 틈바구니에서 현실정치를 실천하면서 부국강병책(富國强兵策)을 쓰지만, 절대 전국시대의 법가나 병가처럼 무지막지한 국가지상주의로 나가지는 않았다. 도덕적 교화를 통한 법의 필요성을 인정하고 덕과 법이 병행되어야 함을 주장한 것이다. 어떤 측면에서는 유가의 입장에서 국민을 중시하는 덕치의 모습을 보인다. 이런 차원에서 그는 현실적 법치에 도덕주의를 적절하게 이입하는 사상가로 판단된다.

현실적으로 관중의 최대 관심은 '부국강병' 한 마디로 집결된다. 국가 부강의 기초는 국민이다. 관중이 살던 시기는 토지가 부족하여 농경에 힘쓰지 못하는 시대는 아니었다. 때문에 농경지 쟁탈 문제는 논쟁점이 되지 않았다. 노동력만 있으면 얼마든지 개간할 여지가 있었다. 따라서 통치자들의 관심은 농경지를 개간하고 농사를 지을 수 있는 노동력, 다수의 국민을 확보하는 일이었다.

관중의 사상에서 가장 중요한 문제로 대두하는 것이 국민이다. 관중은 '국민을 존중하라.'라는 존민(尊民), '국민을 따르라.'라는 순민(順民), '국민을 두려워하라.'라는 외민(畏民), '국민을 활용하라.'라는 용민(用民)'을 그의 핵심 주장으로 삼는다. 국민은 국가 조직을 구성하는 분자인 동시에 국가 경제를 구축하는 직접 생산자다. 그러므로 국가는 국민을 존중하고 따르며 두려워하여 인심을 얻어야 하고 적극적 신뢰를 보여야 한다. 동시에 국민을 효율적으로 부리고 통제해야 한다.

이런 사유는 『목민심서(牧民心書)』를 쓴 조선의 지적 거장인 다산 정약용(茶山 丁若鏞, 1762~1836)에게도 영향을 미쳤다. 『관자』의 첫 편인 「목민」에는 국민을 대하는 자세를 구체적으로 기술하고 있다.

"정치가 흥하는 것은 민심을 따르는 데에 있고, 정치가 피폐해지는 것은 민심을 거스르는 데 있다. 국민은 근심과 노고를 싫어하므로 군주는 그들을 편안하고 즐겁게 해주어야 한다. 국민은 가난하고 천한 것을 싫어하므로 군주는 그들을 부유하고 귀하게 해주어야 한다. 국민은 위험에 빠지는 것을 싫어하므로 군주는 그들을 보호하고 편안하게 해주어야 한다. 국민은 후사(後嗣)가 끊기어 단절되는 것을 싫어하므로 군주는 그들이 잘살아갈 수 있게 길러주어야 한다."

국가의 부강은 국민의 힘에서 나온다. 국가를 부강하게 만들려면 그 동력원인 국민을 존중하고 따르고 두려워해야 한다. 그리고 길러진 힘은 국민을 위해 효율적으로 써야 한다.

이런 자세는 국민을 높이는 동시에 그들을 부리는 고도의 현실주의적 도덕 정치의 모습을 보여준다. 정치적으로 그들을 피치자(被治者)로 부리고 쓰지만, 한편에서는 도덕적으로 높이고 존중한다. 이 오묘한 논리 가운데 정치의 진실이 있다. 다시 말하면 그것은 정치적 현실주의인 법치와 도덕의 결합이다. 군주로 대변되는 국가 최고 정치지도자와 국민 사이의 법치와 덕치(德治), 법의 객관적 자율성과 군주의 주관적 능동성, 국민의 통치적 목적성 및 대상성 등이 상호 모순하고 대립하는 가운데 통일과 조화를 지향한다. 관자의 사상은 그런 점에서 법가와 차이를 지니며, 도덕주의에 빠진 유가와도 구별된다.

성장과 분배, 복지의 실물 경제

『관자』에서 느낄 수 있는 현실주의 사상의 또 다른 주요 기초는 국민의 경제적 생산 문제다. 관중은 어떻게 보잘 것 없던 제나라를 부강하게 만들 수 있었을까? 그 이유는 단순하다.

제나라의 토지를 경제적 측면에서 정확하게 파악하여 그에 맞는 정책을 폈기 때문이다. 관중은 『관자』「승마(乘馬)」에서 토지에 대한 인식을 다음과 같이 피력한다.

"토지는 정치의 근본이다. 때문에 토지가 공평하거나 조화롭지 못하면 정치를 바르게 할 수 없다. 정치가 바르지 못하면 토지에서 산출되는 생산 활동을 조절할 수 없다. 춘하추동은 음양(陰陽)의 전이(轉移)이고, 계절의 길고 짧음은 음양의 상호 작용이며, 밤과 낮의 바뀜은 음양의 변화다. 이러한 음양의 변화는 정상적이다. 따라서 정상적이지 않다고 하더라도 남는 부분을 덜어낼 수 없고 모자라는 부분은 더할 수 없다. 이것은 하늘의 원리기 때문에 덜어내거나 보탤 수 없다. 정치를 바르게 할 수 있는 것은 토지이므로, 그것을 바르게 관리하지 않을 수 없다. 토지를 바르게 하는 것은 토지의 실제 상황을 바르게 하는 작업이다. 길어도 바르게 해야 하고 짧아도 바르게 해야 하며, 작아도 바르게 해야 하고 커도 바르게 하여, 길고 짧은 것, 크고 작은 것 모두 바르게 되어야 한다. 토지가 바르지 못하면 관청이 다스려지지 않고, 관청이 다스려지지 않으면 생산하는 일이 잘 이루어지지 않으며, 생산이 잘 이루어지지 않으면 재화가 많지 않게 된다."

토지는 생산물을 만들어내는 근원이다. 따라서 국가를 부강하게 만들기 위해서는 토지를 정확하게 파악하고 균형 있게 개발해야 한다. 한 나라의 토지 상황은 어떠한지, 거기에서 생산되는 특산물은 무엇인지, 다른 나라에 없는 것을 비싼 값에 팔수 없는지 등 토지에 대한 정확한 이해가 현실 정치와 경제의 기초다. 즉 최대한 땅의 이로움을 개발하고 땅에 알맞은 경작을 해야 한다. 그런 정책으로 관중은 국민의 소유와 국가의 소유를 분리하는 지혜를 발휘하였다. 이는 「치미(侈靡)」와 「오행(伍行)」의 기록을 통해 더욱 확장된다.

"땅의 이로움을 분별하면 국민을 부유하게 할 수 있고, 분수에 넘치는 것을 조절하는 일에 통달한다면 관료들을 달랠 수 있다. 군주는 좋은 일로 친하고, 강함으로써 결단을 내리고, 열린 마음으로 사람을 적절하게 임명해야 한다. 이런 자세로 정치를 하면 나라가 평화롭게 되고, 국민이 병으로 요절하지 않으며, 가축들이 살찌고 오곡이 번성하여 국민의 신뢰를 얻을 수 있다.

정치지도자들은 자기 본분인 정치에 생명력을 불어 넣고 농부들은 농사일에 최선을 다한다. 이렇게 하면 자연의 막힌 기운이 풀려서 초목이 왕성하게 자라고, 오곡(五穀)이 번성하여 열매가 가득하며, 가축(家畜)과 제사에 올리는 희생(犧牲)이 고루 갖추어져 국민의 재물이 풍족해진다. 이에 자연스럽게 나라도 부유해지고, 군주와 신하가 서로 친하게 되며, 여러 제후들 사이에도 화평이 깃들게 된다."

「해왕(海王)」을 보면 관중의 이론이 실제로 뒷받침된다.

환공이 어떻게 나라를 다스려야 하는지 물었다. 그러자 관자는 "나라가 소유한 산과 바다를 잘 관리해야 합니다."라고 대답한다. 다시 환공이 "무엇을 일러 산과 바다를 잘 관리하는 것이라고 하는가?"라고 묻자, 관자는 "해양 자원을 통하여 왕업을 이루는 나라는 염업세(鹽業稅)를 징수합니다."라고 답하며, 세금을 거둬들이는 방법에 대해 조언한다. 이른바 세법(稅法)을 거론한 것이다. 이는 당시로써는 획기적인 발상이었다.

관중은 곡식과 짐승을 기르는 일을 통해 국민에게 이익을 돌려주었다. 국민이 제각기 힘들여 경작하고 길러 자신이 소유할 수 있게 하였던 것이다. 그리고 산림이나 바다 같은 것은 국가 소유로 해서 국가의 공공 자원으로 조성했다. 다시 말하면, 국민에게 나름대로 생업에 종사하여 먹고 살 수 있게 하여 생존을 보장하였다. 아울러 국가는 산과 바다를 장악하고 거기에서 나오는 특산물인 소금과 철을 생산하여 다른 나라와 무역을 활발히 하면서 국가의 재정을 확보하였던 것이다. 그것은 국민이 부를 생산하는 동시에 국가 또한 재정을 확보하여 서로 부를 증가시킬 수 있고, 자원을 개발하고 생산을 증대할 수 있는 적극적인 부국·부민 정책이었다. 재부의 증산이라는 양적인 부국·부민과 복지를 강화하고 생활수준을 향상하는 등 질적인 부국·부민 정책을 함께 도모하였다.

이 지점에서 관중이 추구한 경제 정책의 탁월함을 간파할 수 있다. 그것은 국민에게 농지를 돌려주어 농업을 할 수 있도록 한 것 못지않게 상업을 중시하고 적극적으로 추진하였다는 점이다. 상품의 소통과 교류는 주로 상고(商賈)[7]에 의해 이루어진다. 그러나 일반 상고 행위는 절대로 정부와 결탁하지 못하도록 했다. 그런 후에 국가는 자원 개발, 전매 사업, 무역 등을 통하여 국가 재정을 국민의 세금에 의존하지 않고 스스로 충당했다. 나아가 관중은 주면 좋아하고 빼앗으면 싫어한다는 국민의 심리까지도 꿰뚫고 있었다.

인간의 감정은 이익이 될 것을 보면 그것을 쫓아가고 해롭다

19

고 생각되면 피하기 마련이다. 이로움이 있는 곳은 천 길이나 되는 산이라도 오르려고 하고, 심연의 바닥이라도 들어가려고 한다. 국민은 주면 기뻐하고 빼앗으면 성낸다. 그것이 인지상정(人之常情)이다.

뿐만 아니라, 관중은 이것을 경제 정책, 특히 세금 정책에 먼저 반영했다. 경제에서의 목민(牧民)은 국민에게 유리하고 편리하도록 하는 정치였다. 그 결과 제나라에는 사람들이 끊임없이 모여들었고, 사람이 많아지자 노동력이 증대되었다. 그렇게 모인 노동력으로 토지를 개간하여 국토를 넓혔다. 이러한 관중의 현실주의적 경제 정책은 유가적 도덕주의나 윤리 문제에서 볼 때 이단시 될 수도 있었다. 그러나 삶의 부유함 차원에서는 신선함을 불러일으키기에 충분했다.

경제 문제는 여러 편에 걸쳐 다양하게 언급된다. 그 핵심은 '근본에 힘써라.'라는 무본론(務本論)과 '국가의 부강'을 고려하는 국부론(富國論), 그리고 국민의 삶을 풍족하게 하는 부민론(富民論)이다. 그 속에는 그의 재물과 부에 관한 견해, 세금 부과에 대한 철학, 이익 추구와 욕망의 문제, 상품이나 화폐, 토지제도 등 민생에 관한 다양하고도 구체적인 언급이 담겨 있다. 「입정」에서는 나라가 부유해지는 다섯 가지 원칙을 제시하였고, 「오보」 「치미」 「치국」 「금장」 등 여러 편에서 논의한 부민론의 핵심은 다음과 같은 논리로 귀결한다.

"나라를 다스리는 올바른 길은 국민을 부유하게 하는 것이 첫 번째다. 국민이 부유하면 다스리기 쉽지만, 가난하면 다스리기 어렵다!"

세금 부과와 관련한 견해에서는 조세 합일, 빈부 문제 해결을 위해 상층을 부유하게 하는 동시에 하층민을 만족하게 한다는 원칙이 있다. 공(貢)·부(賦)·조(租)·세(稅)는 초기 봉건 사회의 사회적 분배와 재분배의 양식들이다. 『관자』에서는 「유관」「소광」「대광」「국축」「패형」「산국궤」 등 여러 편에서 부세(賦稅) 혹은 조세(租稅)와 관련하여 자세하게 서술하고 있다. 예를 들면, 토지의 형세나 생산력, 수분 함량에 따른 과세 등 합리적인 세금의 기준이 그것을 대변한다.

"오곡이 나지 않는 황무지, 수목이 없는 황폐한 산은 평지에서 수확한 양의 1/100, 말라붙은 연못이나 초목이 없는 황무지도 평지의 1/100, 벌채가 불가능한 잡목림도 평지의 1/100, 벌채가 가능한 덤불의 경우 평지의 1/9, 목재를 제공하고 개발 가능한 구릉이나 산지는 각각 평지의 1/9과 1/10, 어업이 가능한 시내와 연못, 목재를 제공하는 평지의 삼림은 평지의 1/5로 과세한다. 1인(刃)을 파야 겨우 물이 나오는 건조한 토지는 일반 조세의 1/10, 2인은 2/10, 3인은 3/10, 4인은 4/10, 5인은 1/2을 경감한다. 5척(尺)만 파도 물이 나오는 습한 토지는 조세의 1/10, 4척은 2/10, 3척은 3/10, 2척은 4/10을 경감하며, 1척은 연못이나 저수지와 같이 취급한다."

이외에도 이익 추구와 욕망의 인정 차원에서는 유가가 추구했던 '선의후리(先義後利)', 즉 의리를 우선으로 하되 이익을 부연하는 개념이 아니라, 자신의 욕망을 끊임없이 추구해 나가는 존재로서의 인간을 그리고 있다.

「목민」에서는 국민의 욕망을 네 가지로 구분하여 언급한다. 첫째는 편안하게 즐기는 삶인 일락(佚樂), 둘째는 부유하고 귀하게 사는 부귀(富貴), 셋째는 인간의 존재 자체가 안락하기를 바라는 존안(存安), 넷째는 삶의 건전한 성숙을 추구하는 생육(生育)이다. 아울러 욕망과 상반되는 의미에서 인간이 증오해야 할 대상도 네 가지로 제시한다. 근심과 피곤을 상징하는 우로(憂勞), 가난과 천대를 의미하는 빈천(貧賤), 위험과 추락을 말하는 위추(危墜), 제거되거나 끊어지는 삶인 멸절(滅絶)이 그것이다. 여기에서 정치와 경제, 교육은 국민의 네 가지 욕망을 채워주고, 네 가지 증오를 없애는 핵심 기제다.

또한 관중은 선진 시대의 사상가 중에서 유일하게 화폐를 유통의 수단이 되어야 한다고 주창하였다. 「경중」이나 「국축」에 나타나는 화폐의 성격을 보면, 현대와 유사하리만큼 '상품의 유통 수단'으로 자리 매김 하였다. 관중은 '통시(通施)'나 '통화(通貨)' 등의 개념을 동원하여 이를 설명한다. 또한 「산국궤」에서는 화폐 정책의 핵심으로 민간에서 어떻게 화폐를 유통할 수 있는지 그 증감 방법을 설명하고 있다.

"통계 수치에 따라 화폐를 유통해라. 그리고 그것을 농토에서 나는 생산물을 먹고 남는 사람에게 지불하여 균형을 맞추어라. 그렇게 하면 자연스럽게 부자는 많이 지불하게 되고, 평민은 적게 지불하게 된다. 산골짜기의 척박한 밭을 경작하는 농민과 중간 정도의 토질을 지닌 밭을 경작하는 농민에 대해서는 1년 동안 주민들이 먹는 데 부족한 식량이 얼마나 되는지를 잘 살펴 이들에게 부족한 만큼을 빌려주어야 한다. 그래야만 최저 생계 수준 이상의 만족한 생활을 누릴 수 있다. 거듭 두 해에 걸쳐 풍년이 들어 오곡이 잘 익었을 경우, 지역에서 가장 기름진 밭을 경작하는 농민에 대해서는 다음과 같이 실태 파악과 의견을 구할 필요가 있다. 우리가 당신들에게 빌려준 화폐가 얼마나 되는가? 지금 시골 창고에 곡식은 얼마나 되는가? 바라건대 지금 3/10의 세금을 감해주면 어떠한가?"

그러고 나서, 곡식 가격을 올리거나 화폐 가치를 하락시키거나 조치를 취하였다. 기름진 농토에 대해서도 정부에서 3/10의 세금을 공제해 주었고, 아주 메마른 척박한 밭을 경작하는 농민은 정부에서 내준 화폐 가치에 미치지 못하는 산출량으로 인해 형편없이 결손된 상태이기 때문에 전체적인 공제를 받게 하였다. 이런 정책 덕분에 양곡 가격은 10배나 뛰었다.

이런 방법의 물가 조절 정책을 통해 관중은 국민이 살아갈 수 있는 현실적 경제 정책을 실천하였다.

"물가 조절 정책의 이점은 다음과 같다. 풍년이 들 때에는 정부가 조금 높은 가격으로 물자를 사 모으고, 흉년이 들 때에는 정부가 비축한 물자를 방출하여 올라간 물가를 낮추어서 물가를 안정시킨다. 물자가 남아돌고 모자라는 상황은, 풍년이냐 흉년이냐, 또는 천재지변이나 전쟁과 같은 시대 상황에 따르는 것이므로 일정한 기준에 따라 변하지 않게 해야 한다. 기준을 잃어버리면 물가가 폭등하게 된다. 군주는 그렇게 되는 것을 알기 때문에 그런 기준으로 물가를 안정시킨다. 국가의 재정 규모나 지방 자치 단체의 크기에 따라 그 규모에 맞게 곡식을 비축하고 자금을 준비해 둔다.

봄에는 농사를 짓기 위해 밭을 갈고, 여름에는 김을 매며, 보습과 쟁기 등의 농기구와 종자나 양식을 모두 나라에서 넉넉하게 공급받는다. 때문에 큰 상인들과 부유한 사람들이 국민을 약탈하지 못한다. 이렇게 된다면 군주는 무엇으로 농사일을 부양할 수 있겠는가? 봄에 국민이 부족한 것을 도와주는 비용은 잠업(蠶業)을 통해 거둬들이고, 여름철에 임대한 곡식은 가을걷이를 통하여 거둬들인다. 이렇게 하면 국민은 적극적으로 농사를 지으려 할 것이며, 나라는 부강해 질 수 있다."

이와 같은 물가 조절 정책은 철저하게 부국과 부민을 동시에 고려하고 있다. 그것은 풍년과 흉년, 계절의 변동에 따른 이재(理財) 방법 등 순자연적 측면도 있다. 하지만, 더욱 중요한 것은 구체적이고 현실적인 경제 정책을 통해 국가 재정을 총괄하고 있다는 점이다.

'정치-경제-군사' 일체형의 부국강병

다시 강조하면 『관자』의 사상은 '부국강병(富國强兵)', 네 글자로 농축할 수 있다. 이를 위해 관중은 천하를 제패하고, 농경과 군사, 정치를 일체화하여 주변국과의 세력에 균형을 맞춰 평화를 유지하려고 했다. 한 국가의 힘은 위정자에 대한 국민의 신뢰와 단결, 그리고 부유한 경제력에서 나온다. 하지만 그 힘을 구체적으로 행사하는 것은 바로 '군대'다. 군대를 강하게 하여 나라를 지킬 수 있어야 하고, 다른 나라까지 제압할 수 있어야 국가는 부국강병의 목적을 달성할 수 있다. 때문에 관중은 「치국」에서 다음과 같이 말하였다.

"국민이 농사를 일삼으면 농토가 개간되고, 농토가 개간되면 곡식이 많아지고, 곡식이 많아지면 나라가 부유해진다. 나라가 부유하면 군대가 강해지며, 군대가 강해지면 전쟁에서 승리하고, 전쟁에서 승리하면 국토가 넓어지게 된다."

땅이 넓고 나라가 부유하며, 인구가 많고 군대가 강한 것이 패왕(覇王)의 근본이다. 나라의 재정과 군사력이 빈약한 상태에서는 어떤 일도 쉽게 도모하기 어렵다. 군대는 많은 인력과 물자를 소모하는 조직이다. 그런데 관중이 살았던 당시 상황에서는 그것을 충당해 주는 것이 바로 농사를 기반으로 하는 '경제'였다.

이렇게 농업은 중요한 사업이었다. 하지만 군대를 조직하고 유지하여 전쟁을 치르는 상황에서 농업은 군사적인 일의 뒷전으로 밀려나 그 생산성이 위축되기 쉽다. 관중은 이러한 약점을 보완하기 위해 농민 조직을 군사 조직화하여 이른바 '농병일치책(農兵一致策)'을 고려하였다. 이런 정책은 평화로운 시기에도 군사 조직을 강화할 수 있고 전투력을 향상하여 만일의 사태에 대비하면서도 농업생산력을 줄지 않게 할 수 있었다. 국가의 입장에서는 군비로 인한 경제적 부담도 덜게 된다. 이는 일상생활과 군대가 통일된 사회 조직의 양식이다.

관중의 부국강병은 구체적으로 적시하면, 정복주의적 야욕을 표면적으로 드러내지 않으면서 국제 외교에서 우위와 주도권을 갖기 위한 방책이었다. 주도권은 천하 질서의 유지를 위한 주요 수단이다. 특히 관중이 펼쳤던 군사 정책은 자기 방어와 외교적 뒷받침을 동시에 이행하는 것으로, 힘을 과시하여 최대한의 효과를 거두기 위한 계략이었다. 그러므로 결코 호전적이거나 모든 것을 힘으로 해결하려는 법가(法家)나 병가(兵家)의 논리만을 내세우지는 않는다.

정치·경제적 대안의 실제

'잘삶'에 대한 열망과 최선의 정치

『관자』는 중국 고대 사상의 보고다. 사유의 광대함을 보여주고 끝나는 것이 아니라 삶의 행위와 실천의 지침을 구체적으로 제공한다. 20세기 한시(漢詩)의 거장이었던 홍찬유(洪贊裕, 1915-2005) 선생은 『관자』를 다음과 같이 평가하였다.

"역사적으로 볼 때, 중국의 통치술은 외면적으로는 공자의 사유를 핵심으로 하는 인치(仁治)나 덕치(德治), 이른바 유학을 내세우는 듯하다. 그러나 실제로는 관자에 담긴 다양한 철학을 바탕으로 국가를 지속해 왔다."

이런 언급은 관자가 중국인의 통치철학임을 짐작케 한다. 아울러 『관자』가 정치, 경제, 교육, 국방, 철학 등 사회 문화의 실제적 측면을 생생하게 제시하고 있기에, 충분히 수긍할 수 있는 견해다.

『관자』의 내용을 살펴보면 더욱 실감하겠지만, 정말 그는 현실적인 사상가이자 실용적 철학자였다. 이런 사고와 어느 정도 연관이 있는지는 모르겠으나, 조선 후기의 다산 정약용과 같은 실용적 마인드를 지닌 학자는 관중을 매우 높이 평가하고, 그의 저서 곳곳에서 『관자』를 많이 참고하였다. 다산의 저서 가운데 유명한 『목민심서』의 '목민'도 실은 『관자』의 첫 번째 편명에 유래했다.

이른바 '춘추(春秋)'라는 난세에, 제나라를 가장 강력한 국가로 만들고 국민에게 편안한 삶을 제공하는 데 기여한 관중. 부국강병과 관련한 그의 진지한 성찰과 각종 전략 전술은 시대를 선도하는 탁월한 혜안(慧眼)의 결과였다. 그것은 관중의 발언에서 일관적으로 드러난다.

그의 삶은 "현실 생활이 부유하고 알차야 한다."라는 신념에서 한걸음도 물러서지 않는다. 이는 건강한 삶에 대한 간절함, 애착, 인문주의와 전통문화에 대한 갈망이다.

사람이 편안하게 잘 살 길은 무엇인가? 어떤 문명과 문화가 인간 삶의 정당성을 보장하는가? 이러한 문제의식으로 시대를 고민한 관중의 철학적 지향은 잘 먹고 잘 사는 인간 세계의 모색과정이자 방향제시다.

'역(易)'의 사유를 고려하지 않더라도, 21세기 초, 우리 앞에

던져진 화두는 '변화의 바람', 변풍(變風) 그 자체다. 지금까지 경험하지 못한 급격한 변화의 바람이 광풍처럼 휘감는다. 첨단 우주과학, 기술문명, 컴퓨터, 인터넷, 국제화, 지식, 전쟁, 환경, 종교, 교육, 건강, 복지, 인권, 경쟁, 취업, 협력, 생존 등 헤아릴 수 없는 삶의 문제가 종횡으로 짜여 있다. 어떤 대책이 요구되는가? 목소리는 많으나 대안은 공허하다.

잘 사는 나라를 '선진국(先進國)'이라고 한다. 우리의 관념 속에 선진국은, 대개 경제와 문화가 발달하고 자본이 많고 탄탄한 나라다. 이런 나라는 정치·경제·교육·문화 등 다방면에서 삶의 시스템이 잘 구축되어 있다. 이른바 오이씨디(OECD)에 해당하는 국가들을 예로 들 수 있다. 대한민국은 2012년에 세계에서 7번째로 20-50클럽 대열에 들어섰다고 한다. 20-50클럽은 인구 5천만 명 이상을 가진 국가 중에서 국민소득 2만 달러 이상을 성취한 국가를 말한다. 그렇다면 우리는 통계상으로는 적어도 세계 7대 강국이다. 엄청난 부자나라다. 그런데 정말 그러한가? 『관자』의 사유에 비추어 고민해 보자.

인간이 처한 상황이 부유하다고 할 때, 그것은 '잘삶'에 가깝다. 관중은 근본적으로 인간이 잘사는 문제를 고민했다. 잘삶의 문제는 국가의 부강에서 나오고, 그것은 올바른 정치에서 구현된다. '풍성하고, 넉넉하고, 성하고, 세차다'라는 의미를 지닌 부는 시대와 일의 상황에 따라 뉘앙스의 차이는 있겠으나 동서고금을 막론하고 인류의 절실한 소망이다.

어린 시절, 관중은 매우 가난했던 것 같다. 자신의 비참했던 삶과 어떤 연관이 있는지 모르지만, 그는 누구보다도 잘살아보려는 열망에 차 있었다. 그것은 「치국」에서 국가 경영과 관리 운영에 관한 구체적 전략으로 표출된다. 관자는 나라를 다스리는 핵심을 국민의 잘삶에 두었다. 그것의 기본 바탕은 국민 누구나 자신의 처지에 맞는 일을 확보하고, 생산물을 창출하는 것. 오늘날로 말하면 취업이나 사업을 통해 자신의 재능을 발휘하고 인간 사회에 필요한 문명을 창조하는 작업이다. 때문에 관자는 심각하게 자신의 정치철학을 제시한다.

나라를 다스리는 길은 어디에 있는가? 가장 중요한 것은 국민을 잘살게 하는 데 있다. 국민이 잘살면 그들을 다스리기 쉽지만 국민이 못 살면 다스리기 어렵다. 어떻게 그것을 알 수 있는가?

국민이 잘살면 자기가 사는 지역 사회를 자랑스럽고 살기 좋은 곳으로 생각하고 자신의 뿌리인 가문(家門)을 중시한다. 자신의 지역 사회를 살기 좋은 곳으로 여기고 가문을 중시하면, 윗사람을 공경하고 조금이라도 다른 사람들에게 죄를 짓지나 않을까 두려워한다. 윗사람을 공경하고 다른 사람들에게 죄를 짓게 될까 두려워하는 국민은 다스리기 쉽다.

국민이 가난하면 자기가 사는 지역 사회를 깔보거나 무시하면서 불평을 늘어놓고 자신의 뿌리인 가문을 경시한다. 자신의 지역 사회를 살기 불편한 곳으로 여기고 가문을 경시하면, 윗사람을 능멸하고 정해진 법도 무시할 수 있다. 윗사람을 능멸하고 정해진 법을 무시하는 국민은 다스리기 어렵다.

그러므로 잘 다스려지는 나라는 언제나 부유하지만 혼란스런 나라는 반드시 가난하게 마련이다. 이렇게 볼 때, 공동체 조직을 잘 다스리는 사람은 반드시 구성원을 부유하게 한다.

시대마다 상황에 따라 지도자가 제시하는 제도나 명령은 다르다. 그럼에도 불구하고, 그들이 국가나 기업, 공동체 조직의 리더가 될 수 있었던 까닭은 무엇인가? 모두 그들이 경영하던 공동체 조직이 부유하였기 때문이다. 공동체 조직이 부유한 것은 공동체가 주력하는 근본적인 핵심 사업에서 비롯된다. 지도자들은 다름 아닌 이 핵심 사업을 구체적으로 틀어쥐고 있었다. 국가나 기업, 다양한 공동체 조직을 경영하는 데 시급한 사안은 핵심 사업을 제쳐놓고 주변 사업에 손대는 일을 금하는 것이다. 주변 사업에 기웃거리는 행태를 금하면 구성원들이 빈둥대며 놀고먹는 일이 없다. 구성원들이 놀고먹는 일이 없으면 조직은 반드시 핵심 사업에 힘을 쏟는다.

곡식이나 상품 같은 생산물이 창출되지 않는 나라는 망하게 되어 있다. 생산물이 창출되지만 소비가 심한 곳은 힘의 논리가 지배한다. 생산물이 창출되면서도 여유가 있는 곳은 선진국이 될 수 있다. 생산물은 사람을 모이게 하는 기본 요건이며, 재물 축적에 필수적인 바탕이다.

생산물이 많으면 세상의 모든 것이 모여든다. 공동체 조직에서 근본적이고 핵심적인 사업이 우선시 되면 생산물이 많아지며, 생산물이 많아지면 공동체 조직이 부유하게 된다. 공동체 조직이 부유해지면 그 지역 사회가 부유해지고 가문이 풍족해지며 내 가정도 잘살게 된다. 지역 사회가 살기 좋아지고 가문이나 가정이 풍족해지면, 조직 구성원들을 다른 곳으로 옮겨가게 하더라도 이를 원망하지 않을 것이다. 왜냐하면 생산물을 중시했기에 언제나 생산물을 창출할 수 있다는 희망이 있기 때문이다.

정부건 기업이건, 조직 공동체가 근본적이고 핵심적인 사업을 중시하지 않으면 생산물이 부족해진다. 생산물이 부족하면 국민이나 조직 구성원은 가난해진다. 사람이 가난해지면 가문을 경시하고 가정을 소홀히 여기게 된다. 가문을 경시하고 가정을 소홀히 여기면 제대로 발을 붙이지 못하고 쉽게 떠나게 되고, 쉽게 떠나면 조직의 법령이 제대로 시행되지 않는다. 조직의 법령이 제대로 시행되지 않으면, 구성원들을 법으로 다스릴 수 없는 상황에 이르게 된다. 구성원들을 법으로 다스릴 수 없게 되면 국가 간, 기업 간, 다른 조직 간의 경쟁에서 승리하지 못하고, 타 조직의 생산물이 밀려들어 오더라도 그 상품을 조절할 수 없다. 따라서 조직의 생산물 창출은 지도자가 고민해야 하는 근본적이고 큰 임무이자, 조직 구성원을 관리하는 방법이며 공동체를 다스리는 길이다.

실패하는 지도자상과 성공의 바탕

'실패는 성공의 어머니'라는 유명한 속담이 있다. 현재 최고의 성공 가도를 달리는 인간도 다양한 형태의 실패를 경험한다.

어쩌면 실패의 경험이 성공의 밑거름이기도 하다. 때문에 다시 강조하며 동기부여를 할 수 있다.

'실패는 성공의 어머니다!'

어쩌면 이 속담은 실패를 경험했던 인간에게 최고의 격려이자 위안이 될 수 있다. 그런 차원에서 관중은 반면교사(反面教師)와 같은 심정으로 실패에 대한 예방책을 제시한다. 실패에 대한 분석은 「입정구패해(立政九敗解)」에 자세하게 담겨 있다. 여기에서는 지도자들이 실패하는 원인을 9가지로 세밀하게 제시하며 경계의 목소리를 높인다. 이를 토대로 실패를 최소화하기 위해 그 원리를 성찰할 수 있는 지도자라면 그는 이미 성공적 리더십을 갖추고 있으리라.

국가의 안보를 소홀히 한다

국가의 지도층 인사가 국방 예산을 폐지하자고 주장한다면, 여러 참모들이 국가 방위나 전쟁의 문제를 감히 거론할 수가 없다. 그렇게 되면 국내적으로는 나라가 안정적인지 혼란스러운지 그 상황을 제대로 파악하지 못하고, 국외적으로는 다른 나라가 강한지 약한지 똑바로 알지 못한다. 이런 지경이라면 국경이 무너지더라도 방어할 수 없고, 무기가 낡아도 최신식으로 교체할 수 없으니, 나라를 지키고 방어하는 준비 측면에서 흐트러질 수밖에 없다. 또한 지도자는 국경 지방에 대한 사정에 어두워지고, 국방에 종사하는 병사들은 귀찮아하고 게을러지며, 모든 국민이 적을 막으려는 마음이 없어진다.

그러므로 예로부터 '국방 예산을 폐지하자는 주장이 우세하면, 국민이 험난한 곳을 지키려 하지 않는다.'라고 하였다.

모든 사람을 사랑한다

세상에는 수많은 사람이 있다. 그런데 지도자가 내국인이건 외국인이건, 자기 지역민이건 외지인이건, 자기 회사원이건 다른 회사원이건 아무런 구분이나 기준 없이 모두 사랑한다면 어떻게 되겠는가? '모든 사람을 사랑한다.' 말인즉슨 그럴 듯하다. 하지만 현실은 어떤 경우에서건, 사람과 사람이 마주하는 구체적인 삶의 현장이다. 과연, 완전히 열린 마음으로 모든 사람을 사랑할 수 있겠는가!

지도자가 모든 사람을 사랑한다면, 외국인이나 외지인을 내국인과 지역민과 똑같이 여기며, 다른 나라나 다른 지역, 다른 회사 보기를 자기 나라나 자기 지역, 자기 회사 보듯이 할 것이다. 이럴 경우, 이것과 저것 사이에 구별이나 차이가 없어진다. 따라서 자기 나라나 자기 지역, 자기 회사의 구성원은 다른 나라나 다른 지역, 다른 회사와 경쟁하여 부를 창출할 마음이 사라지게 되어, 훌륭한 자기 국민이나 자신의 지역민, 자기 회사원들이 다른 곳으로 나가려 할 것이다.

내가 다른 나라나 지역, 회사와 경쟁하지 않을 수는 있겠지만, 다른 나라나 다른 지역, 다른 회사가 우리와 경쟁하려는 것을 막을 수도 없다. 그러니 다른 나라나 다른 지역, 다른 업체에서 우리에게 개방과 경쟁을 요구해도 어쩔 도리가 없다. 다른 나라는 준비된 인재를 통해 경쟁하려는데, 우리는 주먹구구식으로 모여서 대응할 뿐이므로 경쟁력이 없게 마련이다.

그러므로 예로부터 '내국인과 외국인, 지역민과 외지인, 우리 회사와 다른 업체를 구분하지 않고 모두를 사랑하자는 주장이 우세하면, 국민과 지역민, 사원들이 힘을 기르고 경쟁력을 갖추지 않는다.'라고 하였다.

보신주의, 그리고 사치와 방종을 일삼는다

지도자가 보신주의에 빠져 개인적인 몸보신에 신경 쓰고 마구 즐기기를 좋아한다면, 여러 중간 관리자나 참모들도 모두 보신주의에 빠지고 사치와 방종을 일삼을 것이다. 보신주의를 옹호하고 즐긴다는 것은 무엇을 뜻하는가?

맛좋은 음식과 듣기 좋은 음악, 그리고 아름다운 여색(女色)에 빠지는 일이다. 이렇게 한다면 방종하고 망령되이 행동하며, 남녀의 구별이 없어지고, 인간이 짐승의 상태로 돌아가게 된다. 즉 예의염치(禮義廉恥)가 서지 않아 지도자는 자신을 스스로 지킬 수 없게 된다.

그러므로 예로부터 '보신주의와 자기 한 몸을 즐기려는 생각에 빠져 있으면, 지도자의 통치력이 먹혀들지 않는다.'라고 하였다.

지나치게 개인적 의견을 내세운다

지도자가 개인적인 의견을 목숨처럼 귀하게 여겨 조직 구성원에게 강요한다면, 조직 구성원들은 자신의 의견을 제대로 제시하지 않는다. 지도자와의 의사소통은커녕, 뒤에 숨어서 지도자 중심으로 돌아가는 세상이나 조직에서 진행되는 일에 대해 비난한다. 그럴 경우, 자연스럽게 지도자에게서 멀어지고 조직에 마음을 두지 않으며, 봉급을 챙겨주어도 가볍게 여기고, 맡은 일을 시시하게 생각한다. 그렇게 되면 조직의 명령이 행해지지 않고 조직 자체에서 무엇을 하지 말라는 법령이 그치지 않게 된다.

그러므로 예로부터 '개인적인 의견을 스스로 귀하게 여기고 구성원의 의견을 무시하게 되면, 지도자의 명령이 시행되지 않는다.'라고 하였다.

부당한 거래를 한다

지도자가 황금과 재물, 돈을 밝히면 반드시 자신이 좋아하는 것을 얻으려 하고, 그렇게 되면 이권을 챙길 수 있는 사람과 거래를 하게 된다. 거래를 한다는 것은 무엇인가? 높은 관직, 이른바 권력과 지위를 이용하여 승진을 시켜 주거나 봉급을 많이 주고 취직을 시켜주는 따위와 같은 것이다. 이와 같이 일이 반복되면 어리석은 자가 윗자리에 있게 된다.

그렇다면 능력 있고 성실한 사람은 지도자를 위해 마음을 다하여 힘쓰지 않는다. 지혜로운 사람은 좋은 방법을 제시하지 않고, 신의 있는 사람은 약속을 하지 않으며, 용기 있는 사람은 조직을 위해 희생하려고 하지 않는다. 이렇게 한다면 조직을 내쳐서 버리는 꼴이 된다.

그러므로 예로부터 '황금과 재물, 돈을 밝히는 일을 앞세우면, 관직과 지위가 미천한 자격 없는 사람에게 그 영향이 미친다.'라고 하였다.

패거리를 만들어 어울린다

지도자는 사업 상 여러 부류의 사람들과 두루 어울리게 마련이다. 그런데 참모나 중간 관리자들이 자기네 패거리를 만들면, 좋은 정책이나 발전 방안은 뒷전으로 팽개치고, 조직 발전에 이롭지 않은 내용을 오히려 좋은 것이라고 드러낸다. 그렇게 되면 공동체 조직의 사정이 어떠한지, 그 진위가 지도자에게 제대로 전달되지 않는다.

이런 상황이 오래가면, 패거리를 만든 자들이 지도자보다 앞에 자리하고, 힘이 적은 자들은 뒤로 물러난다. 패거리를 만든 자들이 지도자 앞에 자리하면, 지혜롭고 성실한 사람과 어리석고 나태한 자들의 구분이 없고, 싸우고 빼앗는 혼란이 일어나 지도자는 위태로운 지경에 빠진다.

그러므로 예로부터 '결탁한 무리가 친하게 달라붙는 상황이 지나치게 오래가면, 어진 사람과 못난 사람이 구분되지 않는다.'라고 하였다.

지나친 음주 가무를 즐긴다

지도자가 듣고 보고 즐기고 좋아하는 것에 집착하면 정치는 실패한다. 보고 즐긴다는 것은 호화로운 저택과 정원, 연못,

그리고 구슬과 옥, 노래와 춤에 빠진 생활이다. 이는 모두 조직의 예산을 탕진하고 낭비하여 나라나 지방 자치 단체, 회사를 망치는 일이다. 이런 것으로 지도자를 섬기는 자들은 모두 간사한 녀석들이다. 지도자가 이를 따른다면 어찌 조직이 망하지 않겠는가?

조직의 곳간이 텅 비고, 쌓아놓은 재산을 탕진하며, 또 간사한 자들이 윗자리에 있으니, 어진 사람은 그런 상황에 막혀 자신의 능력과 재능을 발휘할 수 있는 자리에 나아갈 수 없다. 그렇게 되면 조직은 환란에 빠지고, 두드리며 노는 광대나 꼭두각시 같은 배우들이 출세하여 조직의 일을 의논하게 된다. 이것은 조직을 내쳐서 버리는 짓이다.

그러므로 예로부터 '사행성 관광이나 오락, 놀이기구에 대한 강한 집착을 보이면, 간악한 관리가 지도자의 자리에 있게 된다.'라고 하였다.

인사 청탁과 뇌물을 받는다

지도자가 인사 청탁을 들어주면 여러 중간 관리자나 참모들이 서로 청탁하게 된다. 그렇게 되면 청탁은 중앙 정부나 회사 조직의 본부 차원에서 이루어지고, 지방의 각종 단체나 회사의 여러 부서, 팀은 이에 대비하여 패거리를 이룬다. 이럴 경우 나라나 조직 전체가 뇌물을 주고받는 뇌물공화국, 뇌물 공동체가 되고, 공공 기관이나 회사 조직의 법도와 제도가 시행되기 어렵다. 여러 중간 관리자들이나 참모들이 개인적으로 교제하는 데 힘쓰고, 나라나 공동체를 위해 힘을 쏟아내지 않는다. 그렇게 되었을 때 뇌물을 많이 받아먹는 정도에 따라, 높은 지위가 없어도 귀해지고 봉급이 적어도 부유해진다.

그러므로 예로부터 청탁에 따라 책임지고 추천하는 주장이 우월하면 인재 등용의 기준이 바르게 되지 않는다고 하였다.

아첨을 묵인한다

지도자가 아첨과 허물을 덮으려는 말을 받아들인다면 정치는 실패한다. 어떻게 그렇게 되는 것을 알 수 있는가? 아첨하는 참모는 항상 지도자에게 그 허물을 뉘우치게 하지 않으며, 실수를 고치게 하지 않는다. 그러므로 지도자는 미혹되어 스스로 알지 못한다. 이렇게 되면 직언하는 참모는 축출당하고, 아첨하는 참모는 오히려 중용된다.

그러므로 예로부터 '아첨과 과실을 꾸미는 분위기가 조성되면, 교만하고 게을러도 말 잘하는 놈이 등용된다.'라고 하였다.

정적 포용과 정치의 길

관중과 포숙은 어릴 때부터 친구였다. 그들의 우정은 '관포지교'로 회자되고, 우정의 상징으로 자리하고 있다. 우정이 무엇이기에 죽음을 넘어서는 희생도 잠재우는가? 친구였으나 정치 상황에 의해 정적(政敵)이 되어버린 관중과 포숙. 그들의 사람됨을 알아보는 혜안은 인간을 살리고 조직을 살리는 아름다운 모습으로 다가온다. 「대광」과 「소광」에 포숙의 지혜가 녹아 있다.

산동성 박흥현 남쪽 지역인 건시(乾時)에서 전투가 벌어졌다. 전투 중에 관중은 환공에게 활을 쏘아 그의 허리띠 쇠를 맞추었다. 그러나 노나라 군대는 패배했고 환공은 왕위에 올랐다. 이때 제나라는 노나라를 무력으로 위협하여 노나라의 지배층에게 공자 규(糾)를 죽이도록 했다.

그리고 환공은 거(莒)에서 제나라로 돌아와 포숙을 재상으로 삼으려 하였다. 이때 포숙은 위험하면서도 위대한 제안을 한다.

"저는 공의 용렬한 참모에 불과합니다. 공께서 제게 은혜를 베푸셔서 제가 춥거나 굶주리지 않았습니다. 지금 나라를 다스리라고 하시면 그 적임자는 제가 아니고, 오직 관중일 것입니다. 제가 관중만 같지 못한 것이 다섯이나 됩니다.

첫째는 관대하게 은혜를 베풀어 국민을 사랑하는 일이고, 둘째는 나라를 다스리는데 근본을 지키는 일이며, 셋째는 여러 지도자들과 충성과 신의를 맺게 하는 일이고, 넷째는 예의를 제정하여 세상에서 본받게 하는 일이며, 다섯째는 국방과 관련하여 국민에게 용맹스런 정신을 더해주는 측면입니다. 이는 정치력 발휘의 문제이고, 저는 정치에서만큼은 관중만 같지 못합니다. 관중은 민중의 부모입니다. 그 자식을 다스리려면 그 부모를 버릴 수 없습니다."

그러자 환공은 화가 머리끝까지 치밀었는지 분을 삭이지 못하며 다음과 같이 말하였다.

"관중은 직접 과인을 활로 쏜 자요. 화살이 과인의 허리띠 쇠를 맞혀서 거의 죽을 뻔하였소. 그런데 지금 그를 등용하라고 하니, 말이 된다고 생각하시오?"

한참의 침묵이 흐른 뒤, 포숙은 조용하게 환공을 달랜다.

"관중이 공에게 화살을 쏜 것은 자기가 받들었던 사람을 위하여 한 행동 아니겠습니까? 공께서 너그러이 용서하여 그를 돌아오게 한다면, 공을 위하는 일에서도 반드시 그렇게 할 것입니다."

"정말 그렇게 생각하시오? 그렇다면 어찌하면 되겠소?"

"공께서 노나라에 사람을 보내어, 관중을 달라고 요청하십시오."

"노나라의 대표적인 브레인 시백은 지모 있는 관리가 아니오? 내가 관중을 등용하려는 것을 안다면 반드시 나에게 주지 않을 것이오."

"그러니까 전략을 구사해야지요. 공께서는 노나라에 사신을 보내어 다음과 같이 말하도록 하십시오. '우리 지도자를 해칠만한 착하지 않은 참모가 현재 노나라에 있습니다. 바라건대 여러 참모 앞에서 죽이려고 하니 돌려보내 주십시오.' 그러면 노나라 지도자는 반드시 허락할 것입니다. 또 시백은 관중의 재주를 알기 때문에 반드시 노나라의 정치에 참여시키려 할 것입니다. 노나라의 정치에 참여하라는 제안을 관중이 받아들인다면 노나라는 제나라를 약화시킬 수 있습니다. 관중이 그 제안을 받아들이지 않는다면, 그는 관중이 제나라로 돌아갈 것을 알고 반드시 죽일 것입니다."

"그렇다면 관중이 시백의 제안을 받아들이겠소?"

"받아들이지 않을 것입니다. 관중은 지도자를 섬기는데 두 마음을 지니고 있지 않습니다."

"관중이 과인에게도 이처럼 하겠소?"

"단순히 공 개인을 위해서가 아니고 이전의 지도자와 나라를 위해서 헌신할 것입니다. 공께서 나라를 안정시키려는 생각이 있다면 빨리 그를 불러들이십시오. 그렇지 않으면 기회를 놓칠 것입니다."

환공이 포숙을 시켜서 노나라와 화친을 맺게 하고 노나라 지도자에게 말하였다.

"공자 규는 내 아우입니다. 아우를 내가 직접 죽일 수 없으니, 청컨대 대신 그를 죽여주십시오."

이에 노나라 사람이 공자 규를 죽였다.

"관중은 나의 원수입니다. 청컨대 제나라로 돌려보내어 내 마음이 기쁘게 하여 주십시오."

그러자 노나라 지도자가 허락하였다. 시백이 노나라 지도자에게 말하였다.

"관중을 돌려보내지 마십시오. 환공은 그를 죽이려는 것이 아니고 그를 등용하여 정치에 참여시키려는 것입니다. 관중은 세상의 어진 사람이요, 큰 그릇입니다. 초나라에 있으면 초나라가 원하는 것을 얻게 하고, 진나라에 있으면 진나라가 원하는 것을 얻게 합니다. 이제 이웃 나라인 제나라가 그를 얻는다면, 제나라가 강국이 될 것이 뻔하니, 우리 노나라는 오랫동안 근심이 될 것입니다. 공께서는 어찌하여 죽여서 그의 시체를 주지 않습니까?"

"알겠소."

노나라의 지도자가 관중을 죽이려 할 적에, 포숙이 나아가 말하였다.

"관중을 제나라에서 죽이면 제나라의 죄인을 죽이는 꼴이 되지만, 노나라에서 죽인다면 이는 노나라의 죄인을 죽이는 꼴이 됩니다. 우리 지도자께서는 그를 산채로 잡아다가 국민에게 공개하고 여러 관리나 참모들이 보는 앞에서 죽이기를 원합니다. 산채로 잡아들이지 못한다면 이것은 노나라 지도자와 우리 제나라 지도자께서 서로 친해지는 것을 해치는 꼴이 됩니다. 이는 우리 제나라 지도자께서 원하는 것이 아니며, 저에게도 명령을 받을 수 없게 하는 것입니다."

이에 노나라 지도자는 관중을 죽이지 않고 산채로 포박하여 가두고서 제나라에 주었다. 포숙이 관중을 인수하고, 관중을 향해 곡을 하며 세 번이나 소리 높여 슬퍼하였다. 이때 시백이 좇아 나와 포숙의 행위를 비웃으며 여러 관리들에게 말하였다.

"관중은 절대 죽지 않을 것이오. 저 포숙의 인자함은 어진 사람을 죽이지 않고, 그의 지혜는 어진 이를 추천하여 자기의 일을 완성합니다. 포숙은 소백을 도와 먼저 제나라로 들어가 나라를 얻었고, 관중과 소홀은 공자 규를 받들고 나중에 들어왔습니다. 제나라와 노나라와 싸운다면 노나라는 패할 수 있고, 그의 공로는 더욱 높아질 것입니다. 천명을 얻고 잃음에 관계없이 그가 사람의 일에 온 힘을 다함은 늘 한결같습니다. 지금 노나라가 두려워하여 공자 규와 소흘을 죽이고 관중을 가두어 제나라에 주었습니다. 포숙은 나중에 문제가 없음을 미리 알고 관중을 도왔고, 그 지도자인 환공이 관중을 등용할 것입니다. 사람들은 그가 공덕이 있다고 칭송할 게 분명합니다. 나랏일에 힘을 다하다가 죽게 된 공로도 인정받게 마련이지만, 살아서 드러낸 공로는 얼마나 대단하겠습니까? 이는 덕을 밝혀서 지도자를 보좌하는 것이니, 포숙의 지혜는 잘못되지 않을 것입니다."

산동성 몽흠현 서북쪽 지역인 당부(堂阜)에 이르러, 포숙은 재앙과 사악한 기운을 없애고 복을 구하는 제사를 행한 후 관중을 세 번 목욕시켰다.

환공이 직접 교외에 나와 관중을 맞이하였다. 그러나 관중은 갓끈을 굽히고 옷깃을 여미어 죽음을 맞을 채비를 하고, 사람을 시켜 도끼를 잡고 뒤에 서 있게 하였다. 환공이 도끼를 잡은 사람들을 세 번 꾸짖어 물러나게 하였다. 그리고 간곡하게 말하였다.

"갓끈을 드리우고 옷깃을 내렸으니, 내가 그대를 만나 보려 하오."

관중이 두 번 절하고 머리를 조아려 말하였다.

"공에게 무엇에도 비길 수 없는 큰 은혜를 받았으니, 죽어 황천에 간다 하더라도 이름은 썩지 않을 것입니다."

정치의 마스터플랜

죽느냐 사느냐의 갈림길을 지나 관중은 마침내 환공을 돕게 된다. 그리고 조직을 어떤 방식으로 꾸리면 효과적일지, 적극적으로 자문하고 실제적인 비책을 내놓는다. 당시 시대 상황과 정신에 더하여, 관중의 모든 경험과 노하우가 쏟아지는 순간이다.

인간 사회는 크고 작은 조직의 얽힘이다. 조직 중 가장 큰 것은 국가다. 이 세계는 그런 국가들의 관계망으로 구성되어 있다. 국가를 이끌고 조직을 운영하는 일을 흔히 정치(政治)라고 한다. 정치에는 길이 있다. 관중은 그 길을 구체적으로 제시한다.

정치의 길은 크게 두 갈래다. 하나는 전체를 크게 다루는 중앙 정치고, 다른 하나는 지역별로 세밀하게 실천해야 하는 지방 정치다. 그것은 서로 유기적으로 연관될 때 힘을 발휘한다. 마찬가지로 어떤 조직이건, 거시적이고 미시적인 지점의 연결이 중요하다. 다시 말하면 중앙 정부와 지방 정부의 협조, 본점와 지점의 연결, 본사와 지사의 유기적 네트워크가 공동체의 운명을 결정한다. 「소광」에는 이런 정치의 마스터플랜을 실제 사례를 통해 제시한다.

환공은 마침내 관중과 함께 제나라로 돌아왔다. 그리고 관중을 최고의 국정 자문역으로 예우하였다. 이른바 국가의 최고의 브레인으로 대접받은 것이다.

환공은 관중에게 세 번이나 잔을 주면서 정치에 대해 논의하였다.

"옛날에 지도자였던 양공께서 높은 대를 쌓고 넓은 못을 만들어 술을 마시고 사냥을 하며 지나치게 즐겨서 나라 다스리는 일에 소홀히 했소. 훌륭한 분들을 비하하고 선비를 무시하며, 오직 여인들만 소중하게 여겨 아홉 명의 비(妃)와 여섯 명의 빈(嬪)을 위시하여 늘어선 첩(妾)이 수천 명이었소. 기름지고 맛있는 음식을 먹고 반드시 무늬 있는 비단 옷을 입었지만, 자신을 지켜주던 병사들은 추위에 떨고 굶주렸소. 군대에서 필요한 말은 공이 사냥하며 노닐다 부서진 수레가 나올 때를 기다려 보내고, 병사들은 늘어선 첩들이 먹고 남은 음식을 기다렸다 먹었소. 광대와 난쟁이 같은 어리석고 교활한 것들은 앞에 서고 훌륭한 대부(大夫)들은 뒤에 있었소. 그러니 나라 꼴이 점점 초라해질 수밖에 없었소. 이렇게 나라가 위기에 처해 있는 시점에서 어떻게 다스려야 하겠소?"

"옛날에 우리의 훌륭한 지도자였던 주나라 소왕·목왕께서 대대로 문왕·무왕의 위대한 전통을 본받으시어 명예를 얻었습니다. 여러 나라들의 정황을 모으고 민중 가운데 도가 있는 사람을 비교 고찰하여 모범이 되는 전형을 만들어 국민의 기강으로 삼았습니다. 어린 아이에서부터 어른에 이르기까지 모두 어진 사람의 미덕을 본받아 서로 이어받고, 그 덕행을 기록하여 스스로 힘쓰게 하였습니다. 상과 벌로 생활을 살피며, 어른을 공경하고 어진 사람을 존중하는 것을 국민의 규범으로 삼았습니다.

"그렇게 하려면 어떻게 해야겠소?"

"옛날에 훌륭한 지도자들께서는 국민을 다스릴 때, 나라의 중심지를 셋으로 나누고, 그 교외의 지방 조직을 다섯으로 나누어 살 곳을 정해주고 일자리를 만들어 주었습니다. 그리고 여섯 가지 권병(權柄)을 신중히 사용하였습니다. 이와 같이 하여 국민의 실정을 파악하고 그들을 통솔할 수 있었습니다.

"여섯 가지 권병이란 무엇이오?"

"살(殺)·생(生)·귀(貴)·천(賤)·빈(貧)·부(富)입니다."

"나라의 중심지를 셋으로 나누는 것은 어떻게 해야 하오?"

"나라의 중심지 조직을 21향(鄕)으로 만듭니다. 상공(商工)의 향이 6이고, 사농(士農)의 향이 15입니다. 공께서 11향을 통솔하고, 고자(高子)가 5향을 통솔하며, 국자(國子)가 5향을 통솔합니다."

"교외의 지방 조직을 다섯으로 나누는 것은 어떻게 해야 하오?"

"다섯 가구를 하나의 단위로 궤(軌)라는 조직으로 만들고 각 궤에 궤장(軌長)을 둡니다. 6궤를 읍(邑)으로 만들고 읍에는 읍사(邑司)를 둡니다. 10읍을 1졸(卒)로 만들고 졸에는 졸장(卒長)을 둡니다. 10졸을 향(鄕)으로 만들고 향에는 양인(良人)을 둡니다. 3향은 1속(屬)으로 만들고, 속에는 대부(大夫)를 둡니다. 5속에 5명의 대부가 있습니다. 무(武)와 관련되는 일은 속(屬)에서 처리하고, 문(文)과 연관되는 일은 향(鄕)에서 처리하여 다스리니, 방탕하거나 나태한 자가 없게 됩니다."

"국민의 살 곳을 정해주고 일자리를 만들어 주는 것은 어떻게 해야 하오?"

"사·농·공·상 네 부류의 국민은 나라의 기둥입니다. 따라서 이들을 한곳에서 살게 해서는 안 됩니다. 섞어서 살게 하면 언사가 일그러지고 사업이 어지러워집니다. 훌륭한 지도자는 반드시 선비를 한가하고 조용한 곳에, 농민을 밭과 들판에, 장인을 관청에, 상인을 시장에 거처하게 하였습니다.

농토의 경우, 기름지고 척박한 정도에 따라 곡식의 생산량이 다르므로 세금도 차등 있게 부과해야 합니다. 공업이나 상업의 경우도 마찬가지입니다. 그래야 국민이 편안하게 살 수 있습니다. 사회와 국가를 위해 헌신한 사람들을 제대로 대우해 주어야 합니다. 특별한 공로도 없는 사람들을 우선시하면, 국민은 정부를 믿으려 하지 않을 것입니다."

"정치를 제대로 하여 세상 사람들에게 칭송을 듣고 싶은데 그것이 가능하겠소?"

"가능합니다."

"어디서부터 시작하는 것이 좋겠소?"

"국민을 사랑하는 일에서 시작해야 합니다."

"국민을 사랑하는 길은 무엇이오?"

"공께서는 본분에 따라 다스리십시오. 집안을 단속하고 관리나 참모들을 정당하게 대우하여 봉급을 제대로 주면, 사람들이 서로 친하게 될 것입니다. 옛날의 잘못은 용서하고 형벌은 가볍게 하십시오. 세금도 적게 거둬들이십시오. 그러면 국민이 잘살게 될 것입니다. 각 지역에 훌륭한 지도자를 두어 국민을 다스리게 하면 그 지역민들은 예의가 있게 되고, 정해진 법에 따라 일을 처리한다면 국민이 바르게 될 것입니다. 이것이 국민을 사랑하는 길입니다.

"국민이 잘살게 되었다면 그다음에는 어떻게 다스려야 하오?"

"국가 예산으로 실력 있는 인재를 길러 국민을 위해 봉사하게 하고, 훌륭한 사람을 존중하고 국민의 지식수준을 높이십시오. 그리고 정당한 법(法) 집행을 통해 국민의 생활을 원활하게 하십시오. 정책을 시행할 때 개인적인 감정을 앞세우지 마십시오. 그래야 많은 사람을 포용할 수 있습니다. 언행에는 믿음을 줄 수 있게 하십시오. 그래야 권위가 제대로 섭니다. 이것이 국민을 다스리는 길입니다."

"국민의 살 곳이 정해지고 직업도 갖게 되어, 우리나라가 어느 정도 잘살 수 있게 되었다고 생각해 봅시다. 그렇다면 이제 내가 이웃 나라로 손을 뻗어 국제화를 꾀하려고 하는데 괜찮겠소?"

"국민이 정부에서 베푼 정책을 편안하게 여기지 않고 있으니, 아직은 때가 아닙니다."

"국민이 편안하게 여기게 하려면 어찌해야 하겠소?"

"법을 제대로 정비하여 정당하게 집행하고, 국민을 사랑하여 절대빈곤에 허덕이는 사람들을 구제하십시오. 또한 세금제도를 합리적으로 운용하고 국민을 공경하십시오. 그러면 나라가 부유해지고 국민이 편안해할 것입니다."

"국민이 편안하게 잘살게 되면 가능하겠소?"

"아직도 멀었습니다. 제나라가 이웃 나라로 진출하려고 한다면 다른 나라도 그렇게 할 것입니다. 어떤 나라는 제나라보다 더 철저하게 대비할 것입니다. 그렇게 되면 국제적으로 재빠르게 성공하기가 쉽지 않습니다. 국제적인 명성을 얻으려면 국내적으로 탄탄하게 힘을 기르고 비축해야 합니다."

"어떻게 하면 좋겠소?"

"국내 정치를 충실히 하고 국방을 튼튼히 하십시오. 앞에서 말한, 고자(高子)와 국자(國子), 그리고 공께서 관할하는 향(鄕)을 만들어 제나라의 중심지를 셋으로 나누고, 삼군(三軍)을 설치하십시오. 현명한 국민을 등용하여 각 지역의 지도자로 내세웁니다. 각 지역에는 자치적인 방위 조직을 두고 평소에 재난에 대비하고, 지역민들이 일하는 성과에 따라서 상벌을 베푸십시오."

"아주 좋습니다."

이후, 환공은 관중의 자문에 따라 각 지역의 지도자들에게 지역 정치에 대해 직접 물었다.

"그대들이 다스리는 지역에 평소 옳은 일을 행하고, 배움을 좋아하여 총명하며, 성품이 어질어 부모에게 효도하고, 공경과 우애가 지역 사회에 소문난 사람이 있는가? 또한 용맹스럽고 건장한 사람이 있는가? 이와 반대로 부모에게 효도하지 않고 지역 어른을 공경하지 않으며, 교만하고 경박하고 음탕하고 포악하여 법을 지키지 않는 자가 있는가? 있다면 말해 보라."

이에 각 지역의 지도자들이 훌륭한 지역 주민들을 추천하였다.

"어떤 이가 관청에서 근무하는데 여러 가지로 지역 주민에게 기여하는 것도 많고, 마음씨가 아름답고 정직합니다. 지역 주민과 어울릴 때는 늘 공경(恭敬)하게 대합니다. 특히 지역 주민들의 민원 사항을 잘 파악하여 고충을 처리합니다."

환공은 이런 보고가 사실인지 직접 지역 주민들을 만나서 묻고 조사하였다. 그리고 그것이 사실일 경우, 그들을 만나 직접 대화하며 자질을 살피고, 그가 그런 봉사와 희생정신으로 지역 사회에 기여하는지 점검하였다. 특히 국가가 어려움에 처한 상황을 설정하고, 그것을 헤쳐나가는 방법을 물었다. 그리하여 그 답변이 막힘이 없으면 등용할 만하다고 판단하고 물러나 기다리게 하였다.

그가 물러간 후에는 그 지역에 다시 물어서 그 능력을 살펴보고, 큰 과실이 없으면 등용하여 참모로 삼았다. 이런 관리나 참모 등용을 '3선(三選)'이라고 한다.

이렇게 하자 각 지역의 지도자들은 자신이 다스리는 지역을 철저하게 정비하고 관리하기 시작했다. 착한 일을 한 사람은 상을 주었고 나쁜 짓을 한 자는 벌을 주었다. 지역 정치가 정착되면서 각 지역에서는 어린 사람이 어른에게 덤벼들지 않았고, 자치단체나 지역 주민 모두가 본분에 충실했다. 덕이 없는 젊은 남자나 여자는 짝을 찾지 못해 결혼하지 못했고, 지역 유지가 세 번 아내를 내치면 지역에서 쫓겨났으며, 여자가 세 번이나 결혼하면 힘든 노동으로 사회봉사를 시켰다. 이런 분위기가 되자 지역 주민들은 모두 착한 일을 행하는 데 힘을 쏟았다. 특히 지역 유지나 배운 사람들은 일시적으로 편안함을 추구하지 않고 지역 발전을 위한 중·단기 계획을 논의하였으며, 장기적으로 지역발전의 청사진을 계획하고 고민하였다.

한번은 어떤 지역의 지도자들이 환공에게 지역 자치의 실정을 보고하였는데, 환공은 제대로 다스려지지 않는 지역의 정치 지도자들을 엄하게 꾸짖었다.

"국가에서 지역 자치 예산을 나누어 준 것은 비슷한데, 왜 어떤 곳은 잘 다스려지고 어떤 곳은 제대로 다스려지지 않는가? 지역 주민에 대한 관심과 배려, 교육과 훈육이 훌륭하지 않으면 지역 자치가 제대로 되지 않는다. 한두 번의 실정(失政)은 봐 줄 수 있지만 세 번째는 용서하지 않겠다."

이에 각 지역의 정치지도자들은 자신의 정치 스타일을 반성하며, 자신이 다스리는 지역으로 돌아가 지역을 정비하고 다시 관리하기 시작했다. 지역 주민 중에 착한 일을 많이 한 사람에게는 상을 주고 나쁜 짓을 하는 자는 벌을 주었다. 이에 지역 정치가 서서히 정착되고, 나라도 안정되어 갔다. 국내적으로는 국민의 생활이 안정되면서 경제가 부강해졌고, 국외적으로도 도전해볼 만한 수준이 되었다.

정치 실천의 요목들

조직을 정비하고 운영하는 정치는 다양한 분야에 걸쳐 구체적으로 실천해야 한다. 특히 조직의 안보, 다른 조직과의 교류, 인재등용, 지도자의 병폐 성찰 등 미시적인 부분에서 챙겨야 할 것이 많다. 중요한 것은 지도자의 의식과 결단이다. 지도자가 자기 생각만으로 방침을 정하면 조직 운영은 원만하지 못하다. 필요에 따라 적절한 참모를 등용하여 상황에 적합한 정책을 제시하게 해야 한다.

「소광」에서 보여주는 환공과 관중의 대화는 정치의 마스터플랜에 이어 세세한 정치 실천의 요목들을 보여 준다.

"국방이 정비되고 국내정치도 안정되었으니, 다른 나라들과 국제화를 모색해도 되겠소?"

"아직도 미비합니다. 국방에 대해서는 제가 이미 문제를 제기했습니다. 제나라는 지금 국방에 허술한 부분이 있습니다."

이에 관중은 다양한 방법을 동원하여 국방을 충실하게 만들었다.

"이제 국방도 튼튼해졌으니, 국제화를 모색해도 좋겠소?"

"아직도 미비한 부분이 있습니다. 국내정치를 담당할 인재가 제대로 갖추어지지 않았고, 외교에 종사할 인재가 준비되지 않았습니다."

그러자 환공은 포숙을 비롯한 고위층 관리와 참모들을 대거 등용하였다.

"국내정치와 외교를 담당할 인재가 갖추어졌으니 이제 가능하겠소?"

"아직 가능하지 않습니다. 이웃 나라가 우리를 긍정적으로 보지 않습니다."

"긍정적으로 보게 하려면 어찌해야 하오?"

"우리의 국경을 살펴서 우리가 빼앗은 땅은 돌려주고 경계를 바르게 해야 합니다. 그리고 이웃나라를 자주 방문하시어 양국 간에 걸려 있는 이해관계 문제를 풀어야 합니다."

이후 환공은 여러 관리와 참모들의 의견을 참고로 자신의 지혜를 더하였다. 최측근 참모는 관중이었고, 이외에도 영척(寧 戚), 습붕(隰朋), 빈서무(賓胥無), 포숙을 두어 국사를 맡겨 천하 에 패업을 이룰 수 있었다. 이런 결과는, 위에는 훌륭한 지도자 가 있고 아래에는 현명한 참모가 있었기 때문이다.

관중이 환공의 최고위층이자 최측근 참모가 되는 순간은 다 음과 같이 포착된다.

"도끼로 극형을 받아야 할 자가 다행히 목숨을 부지하여 허 리와 목이 붙어 있는 것은 저의 복입니다만, 국정을 관장하는 것과 같은 큰일을 제가 맡을 수는 없습니다.

"그대가 정사를 맡아 나를 도와주지 않는다면 과인은 최고 지도자 자리를 감당하지 못하고 무너질 것 같소."

관중은 환공의 간청을 받아들이고 최고위층 참모 자리를 수 락하였다. 3일이 지나자 환공이 말하였다.

"과인에게 크게 세 가지 병폐가 있소. 이런 병폐가 있는데도 정치를 잘할 수 있겠소?"

"저는 그것에 대하여 들은 것이 없습니다. 무엇입니까?"

"과인은 사냥을 좋아하는데, 어두운 밤에 새들이 서식하는 곳에 이르러 사냥을 하오. 이때 새를 잡지 않고서는 돌아오지 않소. 이러니 정사를 제대로 돌볼 수 없을 때가 있다오."

"좋은 일은 아닙니다. 그러나 정치를 못할 정도로 중대한 문제도 아닙니다."

"과인은 술을 좋아하여 밤낮으로 계속 마시오."

"좋은 일은 아닙니다만, 그리 중대한 문제는 아닙니다."

"과인에게 음란한 행동이 있고, 여색을 좋아하오."

"좋은 일은 아닙니다. 그러나 정치를 못할 정도로 중대한 문제는 아닙니다."

"이 세 가지 병폐가 정치하는 데 괜찮다면, 하지 말아야 할 것은 무엇이오?"

"정치에서는 우유부단하고 근면하지 않은 행위만은 삼가야 합니다. 우유부단하면 국민을 지킬 수 없고, 근면하지 않으면 일을 이룰 수 없습니다."

"잘 알았소이다. 오늘은 이만 돌아가십시오. 다른 날 다시 논의합시다."

"다른 날 다시 논의할 필요까지 없습니다. 지금 당장 논의하시지요. 저에게 조언을 구하고 함께 이야기하실 텐데 무엇 때문에 다른 날을 기다리십니까?"

"그러면 무엇부터 해야 하겠소?"

"공자 거(擧)는 식견이 많고 예의를 알며 학문을 좋아하고 겸손한 참모입니다. 그러니 노나라에 특사로 보내어 친교를 맺게 하십시오. 공자 개방(開方)은 재주가 있고 예리한 참모입니다. 청컨대 위나라에 특사로 보내어 친교를 맺게 하십시오. 조손숙(曹孫宿)은 조그만 예절을 중시하고 세밀하게 관찰하며 아주 공손하고 말을 잘 하는 참모입니다. 그러므로 형(荊)나라나 초나라 사람들의 요구에 잘 들어맞습니다. 그를 초나라에 특사로 보내어 친교를 맺게 하십시오."

관중은 세 사람을 즉시 특사로 파견한 후에 물러났다. 이후 관중은 환공의 최측근이자 최고위층 참모가 된 지 3개월 만에 여러 관리와 참모들에 대해 평가하기를 요청하였다.

"그렇게 하시오."

"습붕은 예절이 바르고 상황에 따라 강하고 부드럽게 말을 잘하므로 외교 업무를 맡기면 제격입니다. 영척은 국토를 잘 활용하여 국민을 잘살게 하는 데 기여하므로 국토 관리 업무를 맡기면 좋습니다. 성보(城父)는 군사 전략 전술이 뛰어나므로 국방 업무에 제격입니다. 빈서무는 법집행에서 아주 공정하게 처리하므로 법을 다루는 업무를 맡기면 잘할 것입니다. 동곽아(東郭牙)는 올바른 판단과 충고에 능숙합니다. 그러므로 국가 감찰을 담당하는 업무를 맡기십시오. 저는 이 다섯 사람의 장점을 하나도 제대로 갖추지 못하고 있습니다. 그런데 저에게 그런 업무를 맡으라고 하시면 결코 하지 못할 것입니다. 공께서 나라를 다스리고 국방을 튼튼하게 만들려고 하신다면 다섯 참모를 중용하시고, 패왕이 되고자 하신다면 제가 돕겠습니다."

"좋소이다."

지도자의 철학

모든 공동체의 지도자는 지도자로서 자격을 갖추어야 한다. 지도자의 자격은 일상생활에서 꾸준히 실천하여 축적한 경험을 정치철학으로 승화시켰을 때 자연스럽게 획득된다.

관중은 「국준(國准)」과 「목민」에서 그 기본을 제시한다. 국가 최고지도자에서 자치단체장과 공공기관장, 기업의 총수와 각종 단체의 씨이오(CEO), 부서장, 팀장, 조그만 모임의 리더, 자영업자, 가족을 이끌어 가는 가장에 이르기까지, 리더십 발휘가 필요한 모든 인간에게 관중은 다음과 같은 정치 행위의 기준을 권유한다.

조직상황의 파악

환공이 "국내 정치를 시행하는 데 원칙이 있소?"라고 묻자, 관중은 이렇게 답했다.

"정치는 상황에 따라 책략을 세워야 합니다."

이후, 환공과 관중의 대화는 계속된다.

"상황에 따라 책략을 세운다니, 무슨 말씀이오?"

"옛날에 황제(黃帝)는 사사로운 세력을 경계하였고, 유우(有虞)는 연못을 마르게 하고 산림을 불태웠으며, 하후(夏后)는 가시덤불과 늪, 연못을 불태우고 부유한 국민의 이익이 증가하지 못하게 했고, 은나라의 왕은 제후들의 소와 말의 가축우리를 없애고 그 기물을 날카롭지 않게 했으며, 주나라의 왕은 관리들이 물자를 잘 갖추도록 하는 데 신경 써서 정치했습니다. 다섯 분 지도자의 정치 방법은 다르지만 실제 내용은 같습니다."

"오늘날과 같은 시대에 지도자 노릇을 하려면 무엇을 내세우는 것이 옳겠소?"

"앞에서 말한 다섯 분 지도자들의 정치 방법을 응용하되, 한꺼번에 똑같은 방법으로 쓰지는 마십시오."

"무슨 말씀이오?"

"산림과 연못을 태우는 일을 금지하고, 기계를 만들어서 응용하며, 국가의 이익을 위해서 물가 정책을 쓰고 유통이 잘 되도록 해야 합니다. 산에 묻혀 있는 금을 캐서 화폐를 주조하고, 수초와 구릉을 보존하여 소와 말을 길러 국민을 배불리 먹게 해야 합니다. 수초가 무성한 땅은 곡식은 자랄 수 없지만, 사슴과 고라니, 소와 말은 기를 수 있는 땅입니다. 봄과 가을에 송아지와 망아지를 풀어서 다 자라면 잡고, 화폐를 주조하여 곡식과 바꿀 수 있습니다."

"다섯 분의 지도자들은 정치의 방법을 완전히 실천한 것 같소. 앞으로 지도자 노릇 하려는 사람의 정치 원칙은 어떠해야 하겠소?"

"다양한 상황을 열심히 살피되 어지럽히지 마십시오. 늘 변화를 도모하되 원칙을 견지하십시오. 때가 이르면 행하고, 때가 지나치면 버리십시오. 지도자의 정치는 예견하여 규정할 수 있는 것이 아닙니다."

재정 충실과 민생고 해결

국민을 다스리는 지도자의 임무는 국민이 생업에 종사할 수 있도록 민생을 보살피고 국가 재정을 충실히 하는 데 있다. 국가 재정이 튼튼하면 외국 사람들이 찾아오고, 국민도 의식 수준이 높아져 예절을 알고 지혜롭게 된다. 지도층 인사들이 법도를 준수하면 국민이 서로 친해지고, 예의염치가 베풀어지면 최고지도자의 정책이 신뢰를 얻는다.

농사를 지어 나라의 부를 축적한다고 생각하자. 지도자는 자연의 계절 변화에 맞추어 힘써 노력해야 한다. 그렇지 않으면 수확이 제대로 되지 않는다. 땅이 주는 이로움을 살펴 땀 흘리지 않으면 곡식 창고가 차지 않는다. 들판이 개간되지 않고 황무지로 방치되어 있으면 국민은 농사에 신경 쓰지 않고 살기도 어려워져 간사한 짓을 하게 된다.

지도자나 사회 지도층이 절도 없이 재물을 써서 예산을 낭비하면 국민은 과중한 세 부담에 난동을 일으킨다. 사치스런 행동을 하거나 방종하면 국민은 음탕하게 되고, 사치와 방종의 근원을 막지 못하면 법질서가 바로잡히지 않는다.

교육이 베풀어지지 않으면 어리석은 국민은 깨닫지 못하게 된다. 훌륭한 사람들을 공경하지 않으면 효도와 우애가 갖추어지지 않고, 예의염치가 베풀어지지 않으면 나라가 망한다.

민심과 정치의 흥망

정치가 잘 이루어지는 것은 민심을 따르는 데 있고, 정치가 어지러워지는 것은 민심을 저버리는 데 있다. 민심을 따르기 위해서는 민심을 파악해야 한다. 민심의 향방은 크게 네 가지로 요약된다.

첫째, 국민은 근심과 노고를 싫어한다. 따라서 지도자는 그들을 편안하고 즐겁게 해주어야 한다.

둘째, 국민은 가난하고 천한 것을 싫어한다. 따라서 지도자는 그들을 부귀하게 해주어야 한다.

셋째, 국민은 위험에 빠지는 것을 싫어한다. 따라서 지도자는 그들을 보호해주어야 한다.

넷째, 국민은 후세가 끊기는 것을 싫어한다. 따라서 지도자는 그들을 단절 없이 살 수 있게 해주어야 한다.

편안하고 즐겁게 해줄 때, 국민은 지도자를 위하여 근심과 노고도 기꺼이 감수한다. 부유하고 귀하게 해줄 때, 국민은 지도자를 위하여 가난하고 천한 것도 감수한다. 곤란에 빠지지 않도록 보호해줄 때, 국민은 지도자를 위하여 위험에 빠지는 것도 감수한다. 후세가 끊기지 않고 단란하게 살 수 있게 해줄 때, 국민은 지도자를 위하여 생명을 희생하는 것도 감수한다. 그러므로 법집행만으로는 국민을 두렵게 하기에 부족하고, 사형제도만으로 국민의 마음을 복종시키기에 부족하다. 법집행이 자주 이루어지지만 국민이 그것을 두려워하지 않으면 법령이 시행되기 어렵다. 사형제도로 많은 사람을 죽여도 국민이 마음으로 복종하지 않으면 지도자의 자리는 늘 위태롭다.

이와 같이 국민이 원하는 네 가지를 충족시켜 주면, 관계가 멀었던 사람도 저절로 친해지지만, 국민이 싫어하는 일을 행하면 친하던 사람도 멀어진다. 그러므로 국민에게 '주는 것이 오히려 얻는 것'이라는 점을 아는 것이 정치의 핵심이다.

지도자의 자질

지도자는 어떤 모습이어야 하는가? 지도자의 자질은 무엇인가? 「유관」에는 지도자가 지녀야 할 교양에 대해 언급했다.

지도자가 조직 구성원과 동일하게 언행을 한다면, 리더십 발휘에 문제가 발생할 수 있다. 지도자는 조직 구성원의 친구 같은 역할을 할 수는 있지만, 실제 친구가 되기는 쉽지 않다. 그 것은 직위, 책무와 연관되기 때문이다. 조직 구성원은 각자 맡은 일에 충실하면 되지만, 지도자는 구성원 모두를 어루만지는 위치다. 따라서 정신적 측면과 육체적 측면을 비롯한 세심한 부분까지도 고민해야 한다. 여기에서 요구되는 것이 바로 지도자의 교양이다. 지도자는 문무(文武)를 겸비한 전인적 인간으로서 리더십을 갖추어야 한다.

지도자는 개인적인 욕심을 버리고 누구나 인정하는 보편적인 도리에 순응해야 한다. 그러면 국민이 편안하게 잘 지낼 수 있다. 주어진 사명감을 인식하고 훌륭한 사람을 존중하며 덕이 있는 인물에게 일을 맡기면 지도자로서의 책임을 완수할 수 있다. 몸소 착한 일을 실천하고 옳은 일을 행하며 충성스런 사람과 믿을 수 있는 사람을 등용하면 최고지도자로서의 훌륭한 업적을 이룰 수 있다.

전체 세입과 세출, 실제 지출 규모를 살피고, 국가 경쟁력이 있는 사업을 조정해나가면 국가의 부를 창출할 수 있다. 법률을 정비하고 정책을 신중하게 고려하여 시행 원칙을 세우고 유능한 관리에게 임무를 맡겨 국정을 수행하면 나라는 제대로 다스려진다.

조직 구성원을 관리할 방법을 연구하고 그들에 대한 예의를 갖추며 민첩한 조직원을 선발하고 사업 방법을 정밀하게 한다면 사업에 성공할 수 있다. 살아있는 사람을 편안하게 살게 하고 죽은 사람에 대해서는 인색하지 않게 장례를 치르며, 어진이를 공경하여 높여주며 구성원을 잘 대우하면 곧 조직 구성원의 마음을 얻게 된다. 상주는 것을 믿음이 있게 하고 벌주는 것을 신중하게 하며, 재주 있는 사람에게 적절한 임무를 주고 능력 있는 사람에게 인센티브를 준다면 조직은 강해질 수 있다.

지도자는 공동체 구성원을 도리로 통하게 하고, 은혜를 베풀어 길러야 한다. 아울러 착한 일을 실천하여 친하게 하고, 의리를 지켜 성숙하게 하며, 덕성을 길러 보답하게 해야 한다. 나아가 믿음으로 서로 맺고, 예의로 사귀며, 음악으로 화목하게 하고, 자신이 맡은 일을 충실히 함으로 서로 기약하며, 언행으로 그들의 마음 상태를 살피고, 힘으로 분발시키며, 정성으로 감화시켜야 한다.

지도자는 휴머니즘적 교양과 위엄, 지성과 야성을 겸비해야 한다. 자신이 맡은 직책 수행에 익숙해지는 것은 정치를 성공으로 이끄는 관건이다. 때를 따르는 것은 성공의 총칙이다. 전략을 상황에 맞게 구사하는 것은 성공의 징조이다. 의리를 실천하는 것은 성공의 도리다. 명분과 실적은 정치적 성공을 위한 선차적 작업이며, 때를 포착하는 것은 성공을 위해 심사숙고할 사항이다. 무엇을 집중적으로 공략할 것인지 살피는 일은 성공의 열쇠며, 인적 물적 자원을 온전히 갖추는 것은 성공의 근원이다. 여기에다 어떤 행동을 할 것인지 감추고 드러내지 않아야 한다. 이것이 성공의 근본이다.

법질서와 공무집행이 확실하고, 재정 예산이 확보되고, 정보 수집이 정확하고, 인재 선발과 등용이 제대로 되고, 정책을 구체적으로 응용하고, 업무에 따라 질서가 분명하면 정치는 성공할 수 있다. 죽기를 각오하는 마음으로 살아가고, 성공과 실패의 이치를 잘 알면 정치는 반드시 성공할 수 있다. 다양한 전략을 확실하게 응용하고, 공허한 이상과 실제적 현실을 분명하게 구별하고, 흥성과 쇠망의 이치를 알 수 있으면 정치를 성공으로 이끌 수 있다.

조직 통치의 관건, 상황 적합성

동양사상의 백과사전에 해당한다고 볼 수 있는 『여씨춘추(呂

氏春秋)』에 「심시(審時)」라는 편이 있다. '때를 살펴라.'라는 의미다. 과거 농경사회에서 농사는 인간의 삶을 보장하는 핵심이었는데, 「심시」는 농사에서 때의 중요성을 잘 일러 주고 있다. 사실 농사는 사람의 힘이 가장 많이 필요한 생업이다. 문제는 단순히 사람이 씨 뿌리고 가꾸면 끝나는 것이 아니라는 점이다. 씨 뿌리고 가꾸는 것은 사람의 힘이 가장 소중하지만, 그것을 생장시키는 것은 땅의 힘이고, 그것을 양육하는 것은 천시(天時)다. 즉 자연스런 시기, 그 법칙과 상황에 따라 사람의 힘을 발휘해야 한다. 이처럼 모든 사태에는 그에 따른 상황이 펼쳐진다. 모든 조직 공동체는 그 규모에 따라 다양한 사건이 벌어진다. 그것을 연출하는 존재는 조직의 지도자다.

『관자』「추언」에는 조직을 다스리는 관건을 자세하게 소개한다.

조직을 제대로 다스리는 관건은 무엇인가? "하늘에는 태양이 있고 사람에게 마음이 있다. 이것이 길이다."라는 관자의 말이 그것을 대변한다.

기(氣)가 모이면 생명력이 부여되어 사물이 이루어지고 기가 흩어지면 사물도 죽게 마련이다. 사물의 생명은 기에 의존한다. 이와 마찬가지로 인간 사회의 삶도 명분이 맞으면 다스려지고 명분이 없으면 어지러워진다. 따라서 다스림은 명분에 달렸다. 정치는 명분이다.

인간의 삶에서 핵심이 되는, '사랑 베풀기, 이익 주기, 재산 늘려주기, 편안하게 살게 하기.' 이 네 가지는 모두 인간의 올바른 길에서 나온 것이다. 지도자들이 이 네 가지를 잘 운용한다면 그 공동체는 잘 다스려진다. 지도자는 먼저 할 것과 나중에 할 것을 잘 살펴야 하는데, 구성원들이 복지와 사업의 번창을 앞세우면 성공할 것이고, 자기의 존귀함과 교만함을 앞세우면 실패하리라. 그러므로 예로부터 훌륭한 지도자들은 먼저 할 것과 나중에 할 것의 순서를 잘 살폈다.

지도자는 관리나 참모를 함부로 대해서는 안 되고, 국민이나 조직 구성원들을 조심스럽게 대해야 하며, 부의 축적을 삼가야 한다. 관리나 참모를 함부로 대해서는 안 된다는 것은 훌륭한 사람을 등용시키는 데 달렸다. 국민이나 조직 구성원들을 조심스럽게 대한다는 것은 관리나 참모를 어떻게 적재적소에 배치하여 운용하느냐의 문제다. 부의 축적을 삼간다는 것은 국토 이용을 어떻게 하느냐에 따라 달라진다.

한 국가에는 세 가지 소중한 것이 있다. 보물(寶物)과 기구(器具), 재용(財用)이다. 첫째, 나라의 보물은 국가 방위에 유리한 지리적 요건과 축적해 놓은 국가 재정이다. 둘째, 나라의 기구는 뛰어난 인재와 같은 인적 자원이다. 셋째, 나라의 재용은 구슬이나 옥과 같은 치장에 쓰이는 보석들이다. 이 세 가지 중 재용은 앞의 두 가지에 비해 덜 중요하다. 그러기에 옛날부터 훌륭한 지도자들은 나라의 보물과 기구를 중요하게 여기고, 재용을 가벼이 하였다. 그 결과, 국가를 잘 다스릴 수 있었다.

이 세상에는 있으면서도 그대로 있지 못하는 것이 네 가지가 있다. '기뻐하기, 성내기, 미워하기, 바라기.' 이른바 희노오욕(喜怒惡欲)이다. 이 네 가지에 푹 빠져버릴 경우, 자신을 잃고 세상

65

을 망하게 한다. 현명한 사람은 이것을 삶의 교훈으로 삼는다.

훌륭한 덕으로 성공한 지도자들은 그 혜택을 조직 구성원에게 돌린다. 힘과 권력으로 성공한 지도자는 그것을 받쳐주는 참모들에게, 나약한 지도자는 자신에게 아부하는 참모들에게, 실패한 지도자는 부녀자들의 패물을 사주는 데 그 혜택을 돌린다. 그러므로 훌륭한 지도자들은 그 혜택이 어디로 돌아가는지 신중하게 고려하였다.

훌륭한 지도자들은 정성과 신용을 귀하게 여긴다. 정성과 신용은 세상을 조화롭게 묶어주는 덕목이다. 현명한 참모는 혈연이나 지연, 학연에 얽매지 않는다. 훌륭한 학자나 관리는 권세에 의지하지 않는다. 훌륭한 지도자들은 국민에게 돌아가는 이익을 자기의 공적으로 여기지 않고, 국민이 잘살게 된 것을 자기의 힘으로 생각하지 않는다. 그러므로 나라를 안정시키고 지속적으로 발전시키는 것은 생각을 어떻게 하느냐에 달렸다.

비천한 사람은 존귀한 사람을 섬기고, 어리석은 사람은 현명한 사람을 섬기게 된다. 존귀한 사람이 그 존귀함을 이룰 수 있었던 까닭은 그 존귀함으로 비천한 사람을 섬겼기 때문이다. 현명한 사람이 그 현명함을 이룰 수 있었던 까닭은 그 현명함으로 어리석은 사람을 섬겼기 때문이다. 추함은 아름다움을 채워주고, 비천함은 존귀함을 채워주며, 천함은 귀함을 채워주는 바탕이 된다. 그러므로 훌륭한 지도자들은 이것을 소중하게 여겼다.

많고 적음만으로 계산하지 말고, 무겁고 가벼움만으로 평가하지 말며, 길고 짧음만으로 헤아리지 마라. 이 세 가지에 밝지 못하면 최고의 성공을 이룩할 수 없다. 경계할 수 있는가? 근신할 수 있는가? 숨겨둘 수 있는가? 기장을 심어서 기장을 거둬들일 수 있는가? 보리를 심어서 보리를 거둬들일 수 있는가? 봄에 곡식의 싹이 나오지 않았는데 여름에 김매고 가을에 거둬들일 것이 있는가? 최고의 지도자들은 사람들의 사고와 생활 태도를 존중하였다. 그리하여 이웃에 있는 다른 공동체와 선린우호(善隣友好) 관계를 맺고, 덕으로서 조직 구성원들을 화합하게 하였다.

지도자가 편안하기만을 좋아한다면 몸을 망치고 그 나라를 그르치게 되어 위태롭다. 덕행이 부족함에도 불구하고 국민을 끌어안으려는 지도자는 위태롭다. 법질서만 정비하고 관리나 참모, 지식인을 천시하는 지도자는 위태롭다. 지도급 인사가 자신의 임무를 아래 사람에게 시켜 놓고 오래도록 일이 수행되지 않음을 파악하지 못했다면 위태롭다. 재물을 많이 쌓아 두고서도 이것이 썩을 때까지 국민에게 베풀지 않는 지도자는 위태롭다.

사람에게 세 가지의 명분이 있다. 하나는 잘 다스리려는 정치욕이고, 다른 하나는 남보다 못할 때 느끼는 수치심이며, 마지막으로는 일하려는 마음이다. 일에는 두 가지의 명분이 있다. 하나는 바르게 함이고 다른 하나는 잘 살피는 것이다. 정치욕, 수치심, 일하려는 마음, 바르게 함, 잘 살핌 등 다섯 가지 명분을 심사숙고하면 나라를 잘 다스릴 수 있다. 명분이 바르면 다스려지고, 명분에 치우치면 어지러워지며, 명분이 없으면 죽는다. 그러므로 훌륭한 지도자들은 명분을 중시하였다.

매일매일 걱정 근심을 줄여나가는 바탕은 자기충실뿐이다. 매일매일 걱정 근심을 더하게 하는 것은 개인적 욕심일 뿐이다. 자신에 충실하고 개인적 욕심을 줄여나가면, 이는 지혜로운 일로, 지도자를 모시는 관리나 참모가 실천해야 할 도리다. 관리나 참모가 국가에 아무런 기여도 하지 않고, 국가는 재정적으로 허덕이고 지도자는 가난하게 생활하는데, 개인적으로 재산을 늘리고 높은 관직을 차지하여 부귀를 누린다면 이는 국가적 대죄를 지은 것이다. 국가에 아무런 기여도 없으면서 관리나 참모가 높은 관직과 부귀를 누리는 국가에서 어찌 훌륭한 인재를 존경하여 모실 수 있겠는가?

과거 훌륭한 지도자들은 명예와 치욕을 중시했다. 명예와 치욕은 자신의 행위에 달렸다. 훌륭한 지도자들은 세상을 대할 때에 개인적인 애정과 미움이 없다. 착한 일을 행하는 사람에게는 복이 있고 나쁜 짓을 행하는 사람에게는 재앙이 있으니, 복과 재앙은 그 사람의 행위에 달렸다. 그러므로 훌륭한 지도자들은 행위를 중시하였다.

상벌을 분명히 밝히고, 요행으로 이루어지는 일을 없애며, 법집행을 정확하게 하여 갑작스럽게 시행하지 않아야 한다. 상벌을 분명하게 처리하면 덕망이 정치에 드러난다. 그러므로 훌륭한 지도자들은 상벌을 분명하게 처리하는 것을 중시하였다.

세상을 운영하고 관리하는 길은 광대한 것이어서 최고지도자라야 제대로 쓸 수 있다. 사랑할 것을 사랑하고 미워할 것을 미워하면 세상이 안정될 수 있다. 사랑하는 것과 미워하는 것에 대해 지나치게 처리한다면 세상은 반드시 막히고 만다. 곡식을 재는 되나 말이 넘치면 밀대로 밀어내고, 사람의 언행이 넘치면 하늘이 이를 덜어낸다. 그러므로 훌륭한 지도자들은 가득 채우지 않는다.

복지 실천과 조직 경영의 원칙

관중은 죽음의 문턱에서 친구 포숙의 추천에 힘입어 제나라 환공의 최고 참모가 되었다. 그리고 제나라에 들어온 지 40일이 되기까지, 아홉 가지 시혜 정책을 다섯 번이나 행하였다. 이른바 '국가의 복지정책'이다. 이는 제나라 부국강병의 초석이 되었다. 조직의 지도자가 이런 정신을 근본으로 정책을 펼칠 때 조직은 안정과 성장을 이룰 수 있으리라. 아울러 실질적인 정책을 펴기 위해 지도자는 관리 경영의 원칙을 준수해야 한다. 그것은 「입국(入國)」과 「구수(九守)」에 다음과 같이 요약되어 있다.

첫 번째, 어른을 어른답게 모시는 일

두 번째, 어린이를 사랑하는 일

세 번째, 고아를 돌보는 일

네 번째, 장애인에게 복지를 베푸는 일

다섯 번째, 홀로 된 사람을 혼인시키는 일

여섯 번째, 병든 사람을 위문하는 일

일곱 번째, 곤궁한 사람을 보살피는 일

여덟 번째, 경기가 어려울 때 민생고를 해결하는 일

아홉 번째, 공동체에 기여한 유공자를 보살펴주는 일

모든 조직은 어른을 어떻게 모셔야 하는지 규칙을 둘 필요가 있다. 조직 구성원의 부모가 연로하시면 생활 형편에 따라 적절하게 지원해주는 제도적 장치가 필요하다. 어린이를 사랑하는 일 또한 제도적 장치 마련을 통해 고민해야 한다. 조직 구성원 중 자식이 어리고 나약하여 기르는 데 애로 사항이 있으면 세금 면제는 물론 다양한 지원책을 강구해야 한다. 고아를 돌보는 작업도 매우 중요하다. 어린 시절에 부모가 모두 사망하면 아이가 자력으로 살아가기에는 한계가 있다. 이때 주변의 조직 구성원 중 누군가가 그들을 부양한다면, 그를 격려하고 선행을 칭찬하며 보상해 주어야 한다. 홀로 된 과부나 홀아비, 병든 사람, 곤궁한 사람, 민생고에 시달리는 사람, 공동체에 기여한 유공자 등 도움이 필요한 모든 구성원들에게 기본적인 삶의 질, 이른바 기초 생활을 보장해 주어야 한다.

이러한 실질적인 정책을 도모하기 위해 지도자는 철저하게 관리 경영의 원칙을 준수해야 한다. 그것은 「구수」에 잘 담겨 있다.

첫째, 지도자는 자신의 자리에서 여유로우면서도 고요하게 일을 처리하고, 부드럽게 자신의 절개를 굳게 정하며, 마음을 비우고 뜻을 고르게 하여 적절한 기회를 기다려야 한다.

둘째, 눈으로는 분명하게 보아야 하고, 귀로는 분명하게 들어야 하며, 마음은 지혜로움을 간직해야 한다. 세상 사람들의 눈으로 보면 다 볼 수 있고, 세상 사람들의 귀로 들으면 다 들을 수 있으며, 세상 사람들의 마음으로 생각하면 다 알 수 있다. 그렇게 하여 여러 방면의 장점들을 집결시켜 일을 추진하면 성공할 수 있다.

셋째, 일을 처리할 때는 그것에 대해 자세히 살피고 난 후 타인의 의견을 거절하거나 찬동해야 한다. 지나치게 쉽게 찬동하면 원칙을 상실할 수 있고, 너무 가볍게 거절하면 언로가 막힐 수 있다.

넷째, 상벌을 주는 경우 믿음이 가장 중요하다. 그것은 진실하고 확고한 원칙에 의거해야 한다. 그래야만 진실이 세상에 퍼지고 신명(神明)과 통하며, 간사하고 거짓된 사람들이 드러나게 된다.

다섯째, 우주에 하늘이 있고 땅이 있고 사람이 있듯이, 동서남북 사방과 상하 좌우 전후를 제대로 살펴야 한다. 그래야 의혹이 적어진다. 다시 말하면 주변 다양한 존재들에게 심사숙고(深思熟考)할 물음을 던져라.

여섯째, 지도자는 참모들을 잘 다스려야 한다. 잘하는 참모에게는 보상을 해주고, 잘못하는 참모에게는 그에 상응하는 처벌을 내려야 한다. 참모들이 어떻게 일하느냐에 따라 보상과 처벌을 적절하게 하면 수고롭지 않게 일을 할 수 있다. 최고지도자는 사태에 따라 일을 처리하므로 세상을 장악할 수 있다. 사태에 따라 이치를 따르므로 오래도록 지도력을 발휘할 수 있다.

일곱째, 지도자는 주도면밀하게 기밀을 유지할 수 있어야 한다. 그렇지 않으면 아래에 있던 참모나 간신배들이 치고 올라온다. 조직의 핵심 사업에서 묵묵하게 어떤 단서도 노출하지 않고 안과 밖을 서로 통하지 않게 하면, 조직 구성원들이 함부로 말할 수 없다. 즉 조직 관리 운영의 핵심 노하우를 개방하지 않으면 좋게 말하거나 나쁘게 말할 수 있는 근원처가 없게 된다.

여덟째, 눈으로는 먼 곳에 있는 것까지 보고, 귀로는 먼 곳에 있는 것까지 들으며, 사물을 밝게 살펴야 한다. 다시 말하면 세상에 대한 철학과 관점, 이른바 조직 경영철학을 수립해야 한다. 천 리 밖의 상황과 쉽게 간파할 수 없는 은미한 것들을 분명하게 인식하고, 허위로 꾸며진 것들을 통찰하면 재난을 미리 막을 수 있다.

아홉째, 명분에 의거하여 실제를 살피고 실제에 비추어 명분을 설정해야 한다. 명분과 실제는 서로에게 생명력을 부여하고 돌이켜 서로 뜻을 담는다. 명분과 실제가 부합하면 다스려지고, 부합하지 않으면 어지러워진다. 명분은 실제에서 생기고, 실제는 덕에서 생기며, 덕은 이치에서 생기고, 이치는 지혜에서 생기며, 지혜는 명분과 실제가 서로 부합하는 데서 생긴다.

의사소통의 기술 ; 언로와 토론, 그리고 충고

민주적 방식의 한 특징은 쌍방 의사소통을 원활히 하여 서로를 이해하는 작업이다. 지금까지 보아온 것처럼, 『관자』는 환공의 물음에 관중이 답하는 형식을 기본으로 한다. 때문에 환공의 정책 자문에 관중의 지혜가 적극적으로 스며든다. 이는 요임금이나 순임금이 자신에게 충고해 준 사람에게 고맙다고 절을 했다는 예화와도 통한다. 관중은 최고지도자를 향해 간절한 충고를 받들 것을 권고한다. 그리고 참모들 간의 정책 토론, 상호 의사소통 방식을 제안한다. 그것이야말로 지도자의 훌륭한 언행을 낳는 요인이라고 보기 때문이다. 묻고 또 물어라. 그리고 구성원들이 요구하는 바가 무엇인지 귀 기울여라. 이것이 조직 운영의 기초다. 「환공문(桓公問)」에 그런 단편적인 대화가 생생하게 그려져 있다.

환공이 묻는다.

"'가진 것은 잃지 말아야 하고 얻은 것은 잊지 말아야 한다.'라는 것이 내 생각이오. 이렇게 할 방법이 있겠소?"

관중의 자문은 거침없이 진행된다.

"남보다 먼저 시작하거나 새로 만들려고 하지 말고, 때가 되면 따라 행하십시오. 개인적인 감정에 치우쳐 따라 행해서는 안 됩니다. 그렇게 하면 공정성(公正性)을 해칠 수 있습니다. 국민이 싫어하는 일이 무엇인지 잘 살펴서 스스로 경계해야 합니다. 예전에 훌륭한 지도자들은 훌륭한 선비를 찾기 위해서 수렴청정(垂簾聽政)을 하기도 했고, 번잡한 네거리에 집을 짓고 여러 제도에 대해서 물어보기도 하는 등, 국민의 비판적 의견을 수렴하기 위해 많은 노력을 했습니다."

귀담아듣던 환공이 관중의 일갈을 수긍하며 말한다.

"그런 훌륭한 지도자들의 행위를 본받고 싶소. 그런데 그런 세도를 무엇이라고 하면 좋겠소?"

관중은 평소 갖고 있던 소신을 명시적으로 드러낸다.

"토론식 의사소통 제도입니다. 법제도가 간명하면 실행하기 쉽고, 법집행을 철저히 하면 범법행위가 줄어들며, 정책이 복잡하지 않으면 국민이 쉽게 따를 수 있고, 세금부과가 적으면 국민은 그 재원을 쉽게 마련할 수 있습니다. 사람들은 지도자의 잘못된 정책을 비난합니다. 그래서 참모들이 토론을 통해 의사결정에 조언합니다. 훌륭한 참모들은 정책을 올바르게 결정하고 일을 처리할 수 있도록 지도자 앞에서도 충고할 수 있는 사람입니다."

인사의 원칙

사람들은 흔히 '인사(人事)가 만사(萬事)다.'라고 말한다. 그렇다. 사람을 어떻게 쓰느냐에 따라 조직의 흥망이 판가름나는 경우가 허다하다.

『여씨춘추』에서는 지도자가 인물을 분별하는 방법을 간단하게 제시한다.

사람을 판단할 때 다음과 같은 기준을 활용하라. 첫째, 막힘없이 트인 사람의 경우, 그가 예의로 대우하는 상대방을 보라. 둘째, 존귀하고 출세한 사람의 경우, 그가 추천하는 인물을 보

라. 셋째, 돈이 많은 부자의 경우, 그가 돌보아 주는 사람이 어떤지를 보라. 넷째, 의견을 들려주는 사람의 경우, 그의 실제 행동을 보라. 다섯째, 무사태평한 상황에 처해 있는 사람의 경우, 그가 좋아하는 것을 보라. 여섯째, 좀 익숙하고 친한 사람이 되었을 경우, 그의 말과 행동을 보라. 일곱째, 곤궁에 처한 사람의 경우, 그의 결벽을 보라. 여덟째, 신분이 낮은 사람의 경우, 그가 행하지 않는 것이 무엇인지 보라.

그리고 사람을 기쁘게 하여 그가 지키는 것을 살펴라. 즐겁게 하여 그의 성격과 버릇을 살펴라. 성나게 하여 그의 절조를 살펴라. 두렵게 하여 스스로 믿는 마음을 살펴라. 슬프게 하여 그의 애정을 살펴라. 괴롭게 하여 그의 지조를 살펴라. 이렇게 자세히 살피면 그 사람이 어느 정도 현명한지 파악할 수 있다.

「입정」에도 사람 기용에 관한 키포인트가 열거되었다.

지도자가 살펴야 할 것은 세 가지가 있다.

첫째, 관리나 참모의 사람됨이나 도덕성이 그 지위에 맞는가?

둘째, 보수 수준이 조직의 기여도와 맡은 지위에 적합한가?

셋째, 능력과 복무 자세, 책임이 그 지위에 맞는가?

이 세 가지 근본은 조직을 다스리는 근원이다. 그 조직이 국가라면, 도덕성이 정부 차원에서 검증되지 않은 사람에게 높은 지위를 부여해서는 안 된다. 동시에 능력이나 기여도가 검증되지 않은 사람에게 많은 보수를 주어서도 안 된다. 또한 국민의 신임을 받지 않은 인사에게 큰일을 담당하는 고위직을 맡겨서도 안 된다.

도덕적으로 검증되었음에도 불구하고 낮은 지위를 부여한 것은 너무 신중힌 탓이고, 도덕적으로 문제가 있음에도 불구하고 높은 지위를 부여한 것은 인사 검증 절차에 지나치게 소홀히 한 결과이다. 중요한 것은 도덕적으로 검증된 훌륭한 인사에 대해 신중하게 처리할지언정, 도덕성에 문제가 있는 소인배들의 검증 절차에 소홀히 하여 잘못된 인사를 하지 말아야 한다. 훌륭한 인사를 발탁하지 못했을 경우에는 국민의 원망이 적을 수 있으나, 조무래기나 소인배 같은 사람을 잘못 등용하면 국민에게 돌아가는 재앙이 너무나 크다.

그러므로 국가 조직에서 도덕성이 정부 차원에서 검증되지 않은 사람에게 높은 지위를 부여한 경우 훌륭한 장관이나 총리가 나오지 않는다. 능력이나 기여도가 검증되지 않은 사람에게 많은 보수를 주게 되면 제대로 기여하는 관리나 참모가 추천되지 않는다. 국민의 신임을 받지 않은 인사에게 큰일을 담당하는 고위직을 맡기면, 재주 있고 유능한 인재를 발탁할 수 없다.

이 세 가지 인사 원칙을 지키면, 어떤 사람도 함부로 자리를 요구하지 못한다. 반대로, 이런 원칙을 생각하지 않으면 약삭빠르거나 아첨하는 무리가 요직을 차지하고 위엄을 부리게 된다. 이럴 경우 지도자의 지도력은 위에서부터 막혀 아래에 이르지 못하며, 바른 정치는 실종되고 그릇된 정책이 날로 늘어난다. 세 가지 원칙을 지키면 아첨하는 무리가 고위직에 앉아 위엄을 부릴 일이 없고, 법질서가 어지러워지는 일이 없으며, 고아나

과부, 노숙자와 같은 어려운 사람들은 골고루 복지 혜택을 받을 것이다.

요컨대, 법질서가 반듯해지고 국가 정책은 간결해져 정부나 자치단체는 많은 일자리를 만들 일이 없게 된다.

법치의 확립, 지도자의 책무

잘 정비된 조직 공동체는 지도자의 운영 방침이 존중되고, 엉망인 조직은 참모나 중간관리자들의 개인적인 생각이나 술책에 따라 일이 이루어진다. 지도자와 조직 구성원들의 본분이 뒤섞여 권한과 책임 소재가 분명하지 않으면 조직은 어지러워진다. 특히 지도자의 권한을 참모나 중간 관리자에게 주면 지도자는 권력을 잃게 된다.

「명법(明法)」은 법치 확립이 지도자의 권한이자 책임인 것을 강조한 대목이다. 법치가 확립되지 않아 조직 공동체가 망하는 데는 네 가지 경우가 있다.

첫째, 지도자의 조직 운영 방침이 정해졌으나 조직 구성원들에게 인식되지 않는 경우

둘째, 구성원들이 인식하긴 했으나 완전히 시행되지 않고 도중에 그치는 경우

셋째, 구성원들의 요구가 있으나 지도자가 인식하지 못한 경우

넷째, 구성원들의 요구가 지도자에게 전달되려다가 도중에 막히는 경우

이 네 가지 현상이 발생하는 까닭은 법도가 온전히 확립되지 않았기 때문이다. 때문에 조직을 경영하는 지도자는 법을 벗어나지 그 뜻을 놀리지 않으며 법의 테두리 내에서 개인적으로 아끼지 않는다.

적절한 규정을 법으로 제정하면 속임수를 쓸 수 없다. 저울로 재면 가볍고 무거운 것을 속일 수 없고, 자로 길이를 재면 길고 짧은 것을 재는 데 착오가 없다. 지도자가 법도를 벗어나 제멋대로 인재를 기용하면 측근들은 지도자를 등지고 아래에서 자기들끼리 패거리를 만든다.

이런 패거리들의 추천에 따라 인재를 선발하면 구성원들은 힘 있는 사람에게 잘 보이려고 교제에 힘쓸 뿐, 실제 필요한 능력을 함양하려고 애쓰지 않는다. 개인적인 교제가 많을수록 패거리는 더욱 많아지고 조직의 안팎이 모두 패거리처럼 보인다. 이 지경에 이르면 아무리 큰 잘못이 있어도 그것을 벌하여야 할지 말아야 할지 지도자의 판단이 흐려지기 쉽다. 때문에 조직에 많이 기여한 구성원이 아무 죄도 없는데 축출당하고, 빈둥거리기만 하던 측근들은 특별한 공도 없이 주요 자리를 차지한다. 정말 죗값을 받아야 할 자는 죄가 없고 기용되지 말아야 할 사람이 기용되면 참모나 중간 관리자들은 개인적인 술책을 중시하고 공적인 법도를 가벼이 여긴다.

이와 같은 상황이 지속되면, 조직에 아무리 사람이 많아도 지도자는 존중되지 않고 관리자가 아무리 많아도 조직 일을 맡기기가 어렵다. 이를 가리켜 조직에 인재가 없다고 하는 것이다. 조직 공동체에 인재가 없다는 것은 조직의 관리자가 줄어들었다는 의미가 아니라, 개인적인 이익 증진을 꾀하는 관리자가 많아지고 지도자를 존중하는데 힘쓰지 않는다는 뜻이다. 고위층 간부들은 서로 떠받들어 주기에 힘쓸 뿐 조직의 일을 책임지지 않으며, 중하위 관리자들은 봉급만 축낼 뿐 본분에 충실하지 않다.

그러므로 옛날부터 최고지도자가 조직을 경영할 때는 정해진 법도에 따라 인재를 선발하고 제멋대로 기용하지 않으며, 법도에 따라 공을 헤아리지 제멋대로 판단하지 않는다. 그러기에 능력 있는 사람이 매장되지 않고 별 볼일 없는 사람이 속임수를 써서 기용될 수 없다. 겉으로 이름난 사람이라고 무조건 기용하지 않았고, 약간의 비난을 받은 사람이라고 하여 무조건 쫓아내지도 않았다. 이렇게 지도자와 참모나 중간관리자 사이에 책임 소재나 한계가 분명하게 구별되면 조직 경영은 매우 쉬워진다.

리더십과 감동 창출

지도자의 수양, 인격적 완성은 조직 운영의 기초다. 지도자가 어떤 태도를 보이느냐에 따라 조직 운영의 방침과 실제 운영 상황이 달라지고, 지도자의 능력 발휘 여하에 따라 조직의 활력이 달라진다. 「소칭(小稱)」은 이러한 조직 지도자의 수신에 관한 관중의 언명을 기록하고 있다.

자신이 착하지 않음을 걱정하라. 다른 사람이 자기를 알아주지 않는다고 걱정하지 마라. 값나가는 보물은 깊은 산속에 있어도 사람들이 알고서 캐려고 하고, 아름다운 구슬은 깊은 물속에 있어도 사람들이 알고서 캐려고 한다. 내가 잘못을 저질렀을 때 조직 구성원들이 잘못된 평가를 하지는 않는다. 구성원들의 눈과 귀는 철저한 것이어서 나쁜 짓을 하고서는 배길 수 없다. 그러므로 내가 착한 일을 하면 나 스스로 명예로워지고, 내가 잘못을 저지르면 나 스스로 명예가 깎인다. 조직 구성원들에게 칭찬을 듣는지 비난을 듣는지 특별히 물어볼 필요는 없다.

그러기에 예로부터 한 조직의 지도자는 구성원을 두려워했다. 지도자가 사회적 명성이 있으면서 구성원을 따른다면 조직은 강해지고, 명성은 있으나 구성원을 무시하고 등진다면 조직은 약해진다. 아무리 높은 지위나 권위가 있더라도, 구성원을 등지게 된다면, 그들은 조직과 직장, 소속팀을 버리고 떠날 것이다. 따라서 지도자는 구성원을 두려워해야만 한다.

지도자가 잘못을 했을 때, 그것을 인정하고 자신에게 죄를 돌리는 사람은 구성원들이 죄를 묻지 않는다. 지도자가 잘못을 저질러 놓고도 자신은 잘못이 없다고 우기면 구성원들은 끝까지 죄를 묻는다. 그러므로 자신의 잘못을 시인할 줄 아는 사람은 강하다. 자신을 절도 있게 다스리는 사람은 지혜롭다. 다른 사람에게 착한 일을 하는 이는 어진 사람이다.

지혜로운 지도자는 잘못이 있으면 그것을 자신의 책임으로 돌린다. 좋은 일이 있으면 그것을 구성원들의 성과와 업적으로 돌린다. 잘못을 자신에게 돌리면 스스로 삼가고 조심할 수 있고, 좋은 일을 구성원에게 돌리면 구성원들이 기뻐한다. 기쁨을 구성원에게 돌리고 삼가는 자세를 자신에게 끌어들이는 일은 지혜로운 지도자가 구성원을 다스리는 핵심 원리이다.

중국 고대 하나라 때의 걸(桀)이라는 임금과 은나라 때의 주(紂)라는 임금은 그렇지 못했다. 잘한 일은 자신의 공으로 돌리고 잘못된 일은 국민의 탓으로 돌렸다. 잘못을 국민의 탓이라고 한다면 국민은 분노하고, 잘한 일을 자신의 공이라고 한다면 자신은 더욱 교만해 질뿐이다. 국민을 분노케 하고 자신을 교만하게 만드는 일은 몸을 망치는 지름길이다. 그러므로 지혜로운 임금이나 조직 지도자는 분노의 목소리가 귀에 들려오고, 분노 띤 얼굴빛이 눈에 보이는 것을 가장 두려워한다.

목수는 자귀질이나 톱질을 할 때, 먹줄 튕긴 눈금을 따라 깎고 자른다. 활을 쏘는 사람은 활시위를 당겨서 목표물을 맞히면 된다. 시대 상황은 늘 어지러울 수도 없고 늘 다스려질 수도 없다. 능력 없는 지도자가 그 자리에 있으면 조직은 어지럽고, 능력 있는 지도자가 그 자리에서 리더십을 발휘하면 조직은 제대로 운영된다. 지도자가 온전한 능력을 발휘할 때, 조직 구성원은 감동을 창출한다.

공손하고, 경애하고, 사양하고, 원한을 풀어가고, 다투지 않고, 서로가 대접해 준다면, 인심을 잃지 않는다. 반대로 다른 사람들과 이익을 다투고, 원한을 쌓고, 서로 간에 불손하면, 자기를 보존하기 어렵다. 크게 말하면 공동체 조직을 관리 경영하되 더 보탤 필요가 없는 방법이고, 작게 말하면 한 사람의 삶을 조절하는데 더 덜어낼 필요도 없는 방법이다. 먼저 소식의 본부나 중앙 부서에 시행해 보고, 각 부서나 팀에게 적용해 보라. 이것이 관리 운영의 요체임을 깨달을 것이다.

이와 같은 진리가 몸에 배면 영예롭고, 몸에서 떠나면 치욕이 다가올 것이다. 부지런히 행하여 몸에 배면 나태함이 없게 되고, 비록 게으른 구성원이 있다고 할지라도 감화를 주어 서로 간에 화합할 수 있을 것이다. 이런 믿음이 굳건하지 않다면 부모 형제간이라 해도 나중에 서로 믿지 못하여 원수가 될 수도 있다. 그러므로 지도자는 몸소 사랑을 실천하여 영예스러운 인물이 되어야지, 증오로 포악해져서 치욕스러운 녀석으로 전락해서는 안 된다.

교육을 통한 현실 조치

『관자』에서 교육에 대한 사상은 풍부하지만, 집중적으로 연구되거나 논의되지는 않았다. 「제자직(弟子職)」을 제외한 모든 편은 교육 자체만을 언급하지는 않는다.[8] 그러나 교육은 여러 편에 걸쳐 국가부강과 연관되어 수시로 언급된다. 요점은 교육으로 국가를 부강하게 하고, 경제를 활성화하며, 국민의 삶을 질적으로 높이려는 의도를 꿰뚫어 보는 데 있다.

앞에서 언급한 것처럼, 사람은 창고가 차 있어야 예절을 알고, 먹을 것과 입을 것이 풍족해야 영욕(榮辱)을 안다. 창고에 양식을 채우고 먹을 것과 입을 것을 마련하는 일은 인간의 생존을 위한 기본 조치다. 기본적 생존이 확보되면 인간은 새로운 정신세계를 추구한다. 그것이 바로 짐승과 다른 삶의 양식인 인간의 예절과 영욕으로 드러난다.

단적으로 말하면 교육은, 창름(倉廩)과 의식(衣食)이라는 물질 세계에서 예절(禮節)과 영욕(榮辱)이라는 정신세계로의 전환을 꾀하는 데 적극적으로 기여하는, 인간의 고유한 작업이다. 이는 『논어』의 "부유해졌거든 가르쳐라." 『중용』의 "도를 닦는 것이 가르침이다."라는 논리와 유사하다. 이런 측면에서 『관자』의 교육론은 상당 부분 유가(儒家)와 닮았다.

교육의 의미와 중요성

인간의 생활양식, 삶의 분위기, 혹은 풍속을 만드는 데는 다양한 활동과 요소가 개입한다. 그중에서도 교육은 그런 측면을 추동하는 주요 요소다. 사람은 교육받지 않으면 상대적으로 간사해지기 쉽다. 간사함에 빠지면 보편적 질서와 풍속을 해치고 상호 간에 화목하지 못한다. 이러한 인간의 특성은 정치를 필연적으로 요청하였고, 교육을 실천하게 하는 계기가 된다. 「권수(權修)」나 「칠법(七法)」, 「치미(侈靡)」 등에서는 다양한 방식으로 교육적 조치를 강구한다.

국민을 다스리는 자는 남자들에게는 사악하고 치우친 행동이 없게 해야 하고, 여자들에게는 음란한 일이 없게 해야 한다. 남자들에게 사악하고 치우친 행동이 없게 하는 것은 교육이고, 여자들에게 음란한 일이 없게 하는 것은 훈도(訓導)다. 교육과 훈도로 풍속이 형성되면 형벌이 줄어드는 것은 당연한 이치다.

나라의 풍속 교화가 무너지게 되면 국민 간의 화목이 깨지게 되며, 상실감 속에서 불안하게 살게 된다.

교육은 예방과 치료의 두 차원이 갈마든다. 이 중에서도 행위의 예방과 교정(矯正), 도덕 질서의 지속과 회복(回復)을 주요한 목적으로 삼는다. 그것은 인간의 건전한 질서를 꿈꾸는 기본 조치다. 이런 관점을 바탕으로 『관자』에서는 교육 혹은 교화에 관한 포괄적 정의를 다음과 같이 제시한다.

교육은 조금씩 나아가고 순리대로 일을 처리하고, 어루만져주고, 기다려주고, 적응하도록 도와주고, 습관이 되도록 해주는 것이다. 그러기에 교육은 표연히 먼 가을 구름과 같아서 인심의 슬픔을 움직이고, 애연히 고요한 여름 구름 같아서 사람의 몸에 미치고, 그윽하고 고요한 밝은 달 같아서 사람의 뜻을 움직여서 원망하게 하고, 탕탕히 흐르는 물 같아서 사람을 생각하게 하니, 사람에게 돌아갈 마음이 생기게 하는 것이다. 교육을 시작할 때 반드시 스스로 준비하게 하는 데, 비유하면 청명한 가을 하늘에 구름이 보이기 시작한 것 같으니, 현명한 사람이 어리석은 사람을 교화한다.

교육은 국민의 생활양식을 조성하는 기술이다. 이때 기술은 단순히 공학적 기술을 의미하는 것이 아니라 삶을 다루는 물리적 여건과 정신적 환경 모두를 일컫는다. 기술은 정치와 결부되어 삶의 전 영역에서 종합적으로 제시된다. 그러기에 『관자』는 다음 같이 교육의 중요성을 강조하였다.

"일 년의 계획은 곡식을 심는 것보다 더 중요한 것이 없으며,

십 년의 계획은 나무를 심는 것보다 더 중요한 것이 없으며, 일생의 계획은 사람을 교육하는 것보다 더 중요한 것이 없다. 하나를 심어 하나를 얻는 것은 곡식이고, 하나를 심어 열을 얻는 것은 나무며, 하나를 심어 백을 얻는 것은 사람이다."

사람 농사에서 얻어지는 수확은 무궁무진하다. 교육적 가치야말로 조물주가 인간에게 내린 위대한 축복 중 하나다.

예의에 터한 도덕교육

「대광(大匡)」과 「오보(伍輔)」는 교육에서 도덕과 의리를 강조한다. 정도의 차이는 있지만, 춘추시대 각국의 군주는 국가를 다스리기 위한 주요 수단으로 도덕과 의리를 중요시하였다. 제나라 환공도 관중의 의견을 받아들여 나라를 다스리는데 효제경로(孝悌敬老)를 기본적인 도덕으로 요구했다.[9] 몸소 효제를 실천하고 모든 국민의 모범이 되는 모습을 교육적으로 보여줌으로써 세상을 올바르게 이끌려고 노력하였다.

환공은 오나라를 물리치고 돌아와, 관중에게 물었다.

"이제는 무엇을 해야 하는가?"

"정령을 시행할 수 있습니다. 정령을 따라 시행하기를 2년만 하면, 제후국의 적자(適子)는 효에 관해서 들을 필요도 없으며, 형제를 사랑하는 문제에 대해서도 들을 필요도 없으며, 국가의 훌륭한 신하를 공경하는 문제에 대해서도 다른 소리는 더 들을 필요가 없게 되니, 이 세 가지 중에 한 가지라도 갖추지 못하면 징벌을 내릴 수 있게 해야 합니다. 제후의 신하가 국사를 맡아서 3년 동안 잘한다는 소리를 못 늘으면 징벌할 수 있세 해야 합니다. 군주에게 과실이 있는데 대부(大夫)가 충언(忠言)하지 않고, 일반 선비와 서민이 잘한 일이 있는데 대부가 군주에게 천거하지 않았다면 징벌할 수 있게 해야 합니다. 일반 선비나 서민의 정황을 관리가 듣고서 어질고 효성스럽고 우애 있는 이에게 상을 내릴 수 있게 해야 합니다."

관중의 의견은 다음과 같다. 정상적인 생활에서 효제경로는 잘 실천될 수 있다. 그런데 그것을 실천할 수 있음에도 실행하지 않는 자에게는 엄벌을 내려야 한다. 이런 점에서 볼 때 효제경로를 실천하려는 관중의 도덕교육적 의지는 매우 강하다. 모든 국민에게 하나의 의무처럼 부과했다. 관중은 이 정도로 효제경로의 삶이 국민에게 깊게 뿌리박히기를 염원했다.

나아가 관중은 도덕 윤리 교육에 예의 교육을 더한다. 예의는 군신(君臣), 부자(父子), 상하(上下), 빈천(貧賤), 빈부(貧富), 장유(長幼) 등 모든 인간관계의 올바름에 대한 성찰이다.

효도·공경·자애·은혜로써 친척을 봉양하고, 공손·경건·성실·신의로써 군주를 섬기고, 중립·정직·친애·화순으로써 예절을 행하고, 엄숙·장엄·억제·겸손으로써 형륙(刑戮)을 피하고, 세밀한 절약으로 용도를 아껴서 기근(饑饉)을 대비하고, 돈후·충성·순박·전일로써 화란(禍亂)을 대비하고, 협조·화목으로써 도적을 대비하니, 무릇 이 일곱 가지는 예의 실체다. 위아래에 예의가 있고, 귀함과 천함에 분수가 있고, 어른과 아이에 차등

이 있고, 가난과 부유함에 법도가 있다. 무릇 이 여덟 가지는 예의 상법(常法)이다.

의(義)는 국민이 살아가는 삶의 기본 방식이다. 친척과 군주, 기근과 화란, 형륙, 도적 등 삶의 전반에 걸쳐 일어날 수 있는 문제에 대한 예방 차원의 교육이다. 의를 알아야 중립하고 정직하며 조화를 이룰 수 있다. 조화로워야 편안하게 살 수 있고, 거동이 위엄스러울 수 있으며, 그것을 바탕으로 어떤 어려움도 극복할 수 있다.

예(禮)도 마찬가지다. 위아래 예가 없으면 어지러워진다. 귀하고 천함에 분수가 없으면 다툰다. 어른과 아이에 사이에 차이가 없으면 배반한다. 가난하고 부유함에 법도가 없으면 절제를 그르친다.

이처럼 예와 의를 통한 도덕 교육은 인간의 분수와 본분을 확인하는 작업으로 인간 사이의 관계망을 확보하는 기초 교육에 해당한다.

분업을 통한 직업교육

관중의 교육적 사고에서 특기할 사항은 사민(四民), 즉 사(士)·농(農)·공(工)·상(商)이라는 네 계급계층의 직업군에 관한 교육이다. 관중은 「소광(小匡)」에서 이들을 나라의 초석이 되는 국민이라고 하였다. 그것은 그들이 국가부강의 기본 바탕임을 강조한 것이다.

앞에서 언급한 것처럼, 사농공상 네 부류의 국민은 나라의 기둥이 되는 국민이니 이들을 섞어서 살게 해서는 안 된다. 섞어 살게 하면 말과 일이 어지러워진다. 그러므로 선비는 한가하고 조용한 곳에 거처하게 하였고, 농민은 밭과 들판에 거처하게 하였고, 장인은 반드시 관청에서 거처하게 하였고, 상인은 반드시 시장에 거처하게 하였다.

사농공상의 네 국민은 제각기 맡은 사업이 있다. 그들은 서로 일을 나누어 처리하고 국가는 그들의 사업을 기반으로 부국강병을 실현한다. 관중의 탁월함이 여기에서 발견된다.

사실 춘추시대 이후 정전제(井田制)가 무너지면서 농업은 위축되었다. 천재지변이나 전쟁으로 인해 농업은 더욱 피폐해졌고, 그나마 농사지은 것마저도 수확하기 어려웠다. 이것은 국민이 농업에서 벗어나 다른 직업으로 전환하는 계기가 되었고, 열심히 학문을 하여 벼슬길에 나아가거나 공업이나 상업을 통해 이익을 도모하는 직업을 찾아 나서게 하였다. 특히 농사를 짓는 집은 빈곤한 데 비해 사공상은 농사보다 나은 생활을 할 수 있었으므로 빠른 속도로 농업인구가 감소하였다. 그래도 당시의 주력 산업은 농사였다. 그런데 농사에 힘쓰는 사람이 줄어들면 국력은 감소하기 마련이었다. 때문에 법가(法家)는 농업을 중시하며 공상(工商)을 배척하기도 하였다.

관중은 이런 상황에서 농업을 근본으로 하면서도 공업과 상업을 장려하는 혜안을 드러냈다. 관중은 국민을 나누어 거처하게 하고, 그들에게 최고의 교육 환경을 제시하여 국가의 부강을 꾀했다. 그들의 상황에 맞게 편안하게 해주고, 직업과 관련된 전반적인 내용을 익힐 수 있게 배려하였다. 그 결과, 사민은 각각의 직업으로 국가의 부강에 기여할 수 있었다.

선비들이 조용한 곳에 모여 살면, 부모는 의리를 말하고, 자식은 효도를 말하며, 지도자를 모시는 사람은 공경을 말하고, 어른들은 자애를 말하고, 어린 아이들은 예의를 말하게 된다. 아침저녁으로 이러한 사람의 본분을 자식에게 가르치면 자식은 어려서부터 그것을 익혀 몸을 단정하게 한다. 그러므로 부형(父兄)이 엄격하게 가르치지 않아도 교육이 되고, 자식들이 애써 배우지 않아도 잘하게 된다.

농민이 농토가 있는 시골에 모여 살면, 사계절을 살피고 때에 맞는 쓰임을 헤아려 농기구를 갖출 것이다. 겨울에는 마른 잡초를 제거하고 밭을 정리한다. 봄이 오면 땅을 깊이 갈고 씨앗을 뿌린다. 씨앗이 조금씩 자라면 김매기를 하고 때에 맞는 비를 기다린다. 비가 내리고 나면 낫이나 괭이, 호미 등 다양한 농기구를 이용하여 아침저녁으로 농사한다. 때로는 윗도리를 벗고, 머리에는 밀짚모자를 쓰고, 비가 올 때는 몸을 흠뻑 적셔 가며 발이 진흙탕에 빠지는 경우가 있을 정도로 힘을 다하여 논밭에서 일할 것이다. 이런 농사짓는 방법을 젊어서부터 익혀서 몸에 배게 하면, 농사를 천직으로 여긴다. 농부들은 꾸밈이 없고 촌스럽지만 간사하지 않다. 그중에 뛰어난 재주가 있어 관리가 될 수 있는 사람은 정말 믿을 만하다. 농부가 경작을 하면 곡식은 많이 생산되고, 벼슬을 하게 되면 훌륭한 관리가 많이 배출될 것이다. 이 때문에 옛날부터 훌륭한 지도자들은 농민을 공경하고 친하게 여겼다.

공업에 종사하는 사람들이 함께 모여 살면, 그들은 자신들의 뛰어난 재주를 관찰하고 기술이 좋고 나쁨을 구별하여 상황에 맞게 적절하게 상품을 생산할 것이다. 기술자들은 기술에 대해 서로 토론하고 비교하며, 자주 쓰일 중요한 도구를 정확히 재단하고 완전한 기술을 지향한다. 서로의 기술이나 일에 대해 교환하고 스스로 만든 도구를 보여주며 지식을 높인다. 아침저녁으로 기술 익히는 일에 종사하여 그 자식들을 가르치면 훌륭한 기술자가 된다.

상인이 시장에서 모여 살면, 경제 상황을 관찰하여 물가를 조절하는 데 기여할 것이다. 상품을 짊어지고, 혹은 우마차에 싣고 사방을 두루 돌아다니며, 물물교환을 하기도 하고, 싼 것은 사고 비싼 것은 판다. 상인들은 서로의 이익에 대해 말하며, 장사하는 적합한 때를 논의하며, 서로의 가격 정보도 교환한다. 이렇게 아침저녁으로 상업에 종사하면서 자식들을 가르쳐 장사하는 능력이 뛰어나게 한다.

이러한 관중의 직업 및 분업교육은 오로지 한 직업에 종사하게 하여 전업제도를 확립하였고, 당시 직업의 전환으로 인한 어려움을 해소하는 데 도움을 주었다. 그것은 다른 측면에서 보면 가업의 전승을 통한 가정교육인 동시에 사민의 직업 분화를 통한 전문교육의 한 양식으로도 볼 수 있다.

관중의 최후 모습과 그에 대한 평가

관중과 환공의 최후

관중의 최후는 성실했다. 환공이 병상을 찾아왔을 때 관중은 의관을 차리고 마지막 자문을 했고, 환공도 잘 들었다. 그러나 환공은 관중의 당부를 실천하지 못했다. 오랜 경험이 있는 참모의 지혜로운 자문이 「소칭(小稱)」에 자세하게 기록되었다.

관중이 몸이 아파 병상에 누워 있었다. 이때 환공이 문안을 갔다.

"그대의 병세가 깊어졌구려. 혹 병세가 호전되지 못하여 죽음을 피할 수 없게 된다면, 국가부강을 위해 마지막으로 나를 깨우쳐 줄 말씀이 있는지요?"

"그동안 여러 번 말씀을 드렸습니다. 그러나 실행하지 않은 것들이 있습니다."

"그대가 동쪽으로 가라고 하면 나는 동쪽으로 갔고, 서쪽으로 가라고 하면 나는 서쪽으로 갔소. 그대가 나에게 자문해 준 내용 중에 내가 따르지 않은 것이 있었소?"

관중이 의관을 바르게 고치고 일어나 앉아서 말하였다.

"마지막으로 간곡히 말씀드립니다. 역아(易牙)와 수조(豎刁)와 위(衛)나라 공자 개방(開方)을 멀리 하십시오. 역아는 공의 요리사였습니다. 공이 아직 아기 삶은 것은 먹어보지 못했다고 하자, 그는 자식을 죽여 삶아서 공에게 바쳤습니다. 사람은 누구나 자기 자식을 사랑합니다. 그런데 자식도 사랑하지 않는 자가 어떻게 진정으로 공을 아낄 수 있겠습니까?

공은 여색을 좋아하고 다른 남자를 꺼리는 성격이 있습니다. 수조는 그런 상황을 파악하고 스스로 내시가 되어 공을 위해 궁녀를 다스렸습니다. 사람은 누구나 자기 몸을 아낍니다. 그런데 자기 몸도 아끼지 않고 내시가 된 자가 어떻게 공을 진정으로 아낄 수 있겠습니까?

위나라 공자 개방은 15년이나 공을 섬겼습니다. 그러느라고 자기 부모를 떠나 있게 되었고 제대로 모시지도 못했습니다. 제나라와 위나라는 불과 며칠밖에 안 걸리는 거리입니다. 조금만 신경을 썼다면 충분히 부모를 만나볼 수 있었을 것입니다. 자기 부모도 제대로 모시지 않고 사랑하지 않는데 어찌 공을 섬길 수 있겠습니까? 꾸민 행동은 오래가지 못합니다. 덮인 거짓은 조만간에 드러나게 됩니다. 그들은 평생토록 착한 일은 해보지 못했기 때문에 그 죽음 또한 좋지 못할 것으로 생각합니다."

"잘 알겠소."

관중이 죽고 장례를 마쳤다.

환공은 관중의 자문에 따라 이들을 미워하게 되었고, 그들의 관직을 폐지했다. 그런데 역아를 내쫓고는 입맛을 잃게 되었고, 수조를 내쫓고는 궁중이 어지러워졌으며, 공자 개방을 내쫓고는 조정이 다스려지지 않았다.

"아! 나같이 훌륭한 지도자도 이렇게 나라가 어지러움을 당할 수 있는가?"

환공은 생각 끝에 이들을 복직시켰다. 1년이 지났을 때, 이들은 반란을 일으켰다. 환공을 방에 가두고 외출도 못하게 하였다. 이때 한 부인이 담 구멍을 통하여 환공이 있는 곳까지 들어갔다.

"나는 굶어서 밥을 먹고 싶고, 목이 말라 물을 마시고 싶다. 그러나 아무것도 없다. 어떻게 하면 되겠느냐?"

"역아를 비롯하여 반란을 일으킨 자들이 제나라를 나누어 가졌습니다. 이에 교통이 끊겨 열흘이 걸려도 왕래가 안 됩니다. 공자 개방은 엄청난 토지와 인력 등 호적 대장을 정리하여 위나라로 내 보냈습니다. 때문에 음식을 얻을 수가 없습니다."

"아! 슬프도다. 관중의 당부가 옳았다! 이미 죽은 사람이기에 이 사실을 알지 못해 그만이지만, 만약 이런 상황을 알고 있다면, 내 무슨 면목으로 지하에서 관중을 만난단 말인가?"

그리고는 흰 두건에 머리를 파묻고 절명했다. 환공이 죽은 지 11일째에 시체에서 구더기가 나왔고, 이 때문에 환공의 사망이 세상에 알려졌다. 그러나 시신을 수습할 사람도 없었다. 간신히 버드나무로 된 문짝을 뜯어내어 관을 만들고 환공을 장사 지냈다. 그렇게도 화려했던 춘추 최고의 패자(覇者). 그의 이런 비참한 최후는 관중과 같은 지혜로운 참모의 당부를 제대로 듣고서도, 실천하지 않은 결과였다.

공자의 평가 ; 탁월한 재주로 부국강병을 이룬 관중

유학의 1인자이자 동양 문화의 상징으로 인식되는 공자는 『논어』에서 관중에 대해 두어 군데에 걸쳐 간략하게 언급했다. 그중 한 대목은 매우 긍정적으로 보이며, 어떤 차원에서는 칭송과 존숭의 메시지로도 들릴 수 있다.

바로 『논어』「헌문」에 나타나는 공자와 자로의 대화에서 알 수 있다.

자로가 공자에게 물었다.

"환공이 공자 규를 죽이자 소홀은 죽었고 관중은 죽지 않았습니다. 이 사건으로 볼 때, 관중은 어진 사람이 아니었던 것 같습니다."

"환공이 제후들을 규합하되 무력을 쓰지 않은 것은 관중의 힘이었다. 그렇다면 누가 관중보다 어질었겠는가? 당시 관중보다 어진 사람이 있었겠느냐?"

이에 대한 주자의 해석도 재미있다. 주자는 『춘추전(春秋傳)』을 근거로 역사적 사실을 약술하면서 자로와 공자의 대화에 개입한다. 제나라의 양공이 정치적 도의를 저버리고 무도하게 행동하자, 나라를 걱정하던 지도자들은 근심 걱정이 많았다. 관중의 친구였던 포숙은 공자 소백을 받들고 거나라로 망명하였고, 무지가 양공을 시해하자 관중과 소홀은 공자 규를 받들고 노나라로 망명하였다. 노나라 사람들이 공자 규를 제나라로 들여보내 지도자로 삼으려 했으나 정치적 투쟁에서 이기지 못하였고, 거나라로 망명했던 공자 소백이 제나라로 들어가 지도자가 되었는데, 이가 바로 제나라의 환공이다. 환공이 노나라에게 공자 규를 죽이게 하고 관중과 소홀을 보내달라고 요청하자 소홀은 죽고 관중은 감옥에 갇히기를 자청했다. 이때 관중의 오랜 친구였던 포숙은 환공에게 간청하여 관중을 정승으로 등용토록 했다. 주자는 자로의 말도 일리가 있다고 본다. 자로가 볼 때 관중은 자신이 섬겼던 군주, 즉 공자 규를 잊고 원수와도 같은 공자 소백을 섬겼으므로 그 마음가짐이 옳지 않고 천 리를 어긴 것이나 마찬가지다. 그러므로 어진 사람이 될 수 없다고 판단했다.

그러나 공자의 대답은 자로가 질문한 사건 이후에 실천된 관중의 정치적 역량을 포괄적으로 평가하고 있다. 즉 관중 자체가 어진 사람이 될 수는 없다고 하더라도, 위엄과 힘을 쓰지 않고도 많은 국민을 먹여 살리고 정치적 안정을 도모하여 은택을 베풀었다. 그의 이러한 공적은 어진 사람에 버금간다.

이어지는 자로과 공자의 대화는 한층 수위 높게 관중을 옹호하는 쪽으로 흘러간다.

"관중은 어진 사람이 아닐 것입니다. 환공이 관중 자신이 받들었던 공자 규를 죽였는데 죽지 못하고, 오히려 환공을 도와주었지 않습니까?"

"관중은 환공을 도와 제후들의 패자가 되어 세상을 바로 잡았다. 지금까지도 국민이 그 혜택을 받고 있지 않으냐. 관중이 없었다면 우리는 머리를 풀어헤치고 옷깃을 왼편으로 하는 오랑캐가 되었을 것이다. 어찌 일반 사람들이 사소한 신의에 매달려 스스로 목매어 죽어서 아무도 알아주는 이가 없는 것과 동일하게 볼 수 있겠는가."

주자의 해석은 다음과 같다.

"자로는 자신이 받들었던 공자 규가 죽을 때 함께 죽지 않은 관중의 심경은 이해한다. 그러나 정적 관계에 있던 환공의 참모가 도움을 준 것은 도리 상 너무 심한 것 아닌가."

그리고 공자의 대답에 정자는 이렇게 변호한다.

"환공은 형이고 공자 규는 아우다. 자신이 섬기던 공자 규를 도와 나라를 만들려고 한 것은 올바른 태도가 아니다. 환공이 아우인 공자 규를 죽인 것은 지나치긴 했지만, 공자 규의 죽음은 의리상 마땅한 일이었다. 관중은 처음부터 공자 규와 더불어 모의하였으니 그와 함께 죽는 것도 괜찮았고, 아우를 도와 나라를 다툰 것이 올바른 태도가 아님을 알고 스스로 죽음을 면하여 후일의 공을 도모함도 괜찮은 일이다. 그러므로 공자께서 그가 죽지 않음을 나무라지 않고 그의 공을 칭찬하신 것이다. 만일 환공이 아우고 공자 규가 형이어서 관중이 도운 것이 정당하였는데 환공이 그 나라를 빼앗고 죽였다면 관중과 환공은 한 세상을 살 수 없는 원수가 된다. 만일 공자께서 후일의 공을 계산하여 관중이 환공을 섬긴 일을 인정하였다면, 성인의 이 말씀은 의리를 저버리고 끊임없이 불충을 반복하는 난리를 공식적으로 열어 놓은 것이 아니겠는가? 결코 그렇지 않다. 예컨대 당나라 초기, 당나라 고조의 맏아들이자 태종 이세민의 형이었던 건성(建成)은 세자로 책봉된 후 아우 이세민의 세력이 강력한 것을 염려하여 아우를 살해할 계획을 세웠다가 오히려 죽임을 당하였다. 이때 건성을 모시고 있던 왕규(王珪)와 위징(魏徵)은 건성의 난리에 죽지 않고 뒤에 태종을 따랐다. 이는 의리를 저버린 행위다. 뒤에 비록 공이 있었으나 어찌 속죄할 수 있겠는가?"

또한 주자도 다음과 같이 변호한다.

"관중은 공이 있고 죄가 없으므로 성인이 그 공만을 칭찬한 것이며, 왕규와 위징은 먼저 죄가 있고 뒤에 공이 있었으니 공을 가지고 죄를 덮어주지 않는 것이 옳다."

관중의 인물됨을 볼 수 있는 주요한 대목이 또 있다. 앞에서 자로와 공자가 한 대화 이전에 공자는 다음과 같은 인물평을 한다. 관중은 제나라의 대부 백씨가 지니고 있던 300호나 되는 병(騈) 땅을 빼앗았다. 이후 백씨는 거친 밥을 먹으며 평생을 마치면서도 관중을 원망하지 않았다. 왜 그랬을까?

주자는 이 부분에서 관중의 공로를 적극적으로 인정한다. 환공이 백씨의 병 땅을 빼앗아 관중에게 주었는데, 백씨는 자신의 죄를 깨닫고 관중의 공로를 인정하고 심복하였다. 때문에 곤궁하게 일생을 보내면서도 원망하는 말을 하지 않았다. 그리고 관중의 이런 공로는 덕이 뛰어났다기보다는 정치적 능력, 즉 재주가 뛰어났기 때문이라고 평하였다.

이런 긍정적인 평가에도 불구하고, 공자는 『논어』「팔일(八佾)」에서 관중에 대해 한 마디로 논평한다.

"그릇이 작다!"

그것은 주자의 해석처럼, 유학자의 눈으로 볼 때 당연한 인식이다. 그릇이 작다는 것은 관중이 성현이 추구하는 큰 배움의 도를 알지 못했기 때문에, 국량이 좁고 얕으며 규모가 낮고 협소하여 몸을 바르게 하고 덕을 닦아 최고지도자로서 왕도에 이르지 못했다는 의미다. 즉 춘추시대에 부국강병의 패도(霸道)를 이루기는 했으나, 유가가 추구하는 왕도(王道)를 실현하지는 못했다. 이런 연유로 후대 유학에서 관중을 거론하지 않았던 것은 아닐까? 그리고 "그릇이 작다."라는 평가와 연계하여 '검소함'과 '예의'에 대해 연속적으로 묻자 공자의 대답은 대체로 부정적이다. 관중은 엄청난 부를 소유하고 사치스러웠다. 뿐만 아니라 최고지도자인 군주와 맞먹을 정도의 생활을 누렸다. 이런 삶의 태도는 검소함과 자기 신분에 맞는 예와 거리가 멀었다고 판단된다.

유학은 최고지도자를 '큰 그릇'에 비유하곤 한다. 그리고 그들의 생활 태도로 검소함과 예의의 실천을 요청한다. 공자를 비롯한 유학자들의 눈에 비친 관중은 그렇지 못한 듯하다. 주자의 주석에는 그런 해석의 사례를 몇 가지 들고 있다.

"사치스럽고 예를 범한 것으로 볼 때, 그 그릇이 작음을 알 만하다."

"자기 몸을 닦고 집안을 바르게 하여 나라에까지 미치면 그 근본이 깊고 그 미침이 원대하니, 이를 큰 그릇이라고 한다. 양웅(揚雄)이 말한 것처럼 컴퍼스나 자, 수준기나 먹줄과 같이 먼저 자신을 다스린 뒤에 남을 다스려야 한다. 관중은 엄청난 부를 소유하고 사치스러웠으며, 환공은 여섯 명의 여인을 사랑하면서 천하에 패자가 되었으나, 그 근본이 진실로 얕았다. 그리하여 관중이 죽고 환공이 죽자 천하는 다시 제나라를 종주국으로 받들지 않았다."

"공자께서 관중의 공로를 크게 인정하면서도 그릇을 작게 여기셨다. 이유는 군주를 보좌할 참모의 경우, 자질이 충분하지 않으면 제후들을 규합하여 천하를 바로 잡았다 하더라도 그릇을 칭송할 만한 것이 못되기 때문이다. 관중은 학문이 밝지 못하여 왕도와 패도의 개념을 뒤섞어 한 길로 생각하고 실천했다."

여기서 우리는 공자의 평가를 주의 깊게 살펴야 한다. 그것은 21세기 현대의 안목으로 고민해야 한다. 공자의 평가에는 분명한 기준이 있다. 그것은 한마디로 말하면, '덕(德)'과 '재(才)'의 문제다. 유학은 재주보다는 덕성을 소중하게 여긴다. 물론 재주를 소홀히 하는 것은 결코 아니다. 둘 다 중요하다. 그러나 선후(先後)나 경중(輕重)의 문제, 근본과 말단을 따지면 덕성에 무게가 쏠린다. 즉 인간의 모든 행위에서 설득력 있는 강력한 무기가 덕성이라는 말이다.

관중은 덕성보다는 재주에 후한 점수를 받았다. 의리보다는 정치 질서와 국민의 생존 문제를 해결하는 데 공로를 세웠다. 이것은 그의 탁월한 재주 덕분이었다. 그렇다고 그에게 덕성이 없었던 것일까? 그것은 아니다. 덕성이 없었다면 어떻게 국민을 먹여 살리려는 정치적 역량을 발휘할 수 있을 것인가? 유학자들이 요구하는 덕성이 아닐 뿐, 그에게는 정치적 안정과 질서의 구축, 민생고 해결이라는 시대 사명감이 있었다. 그것이 제나라 환공의 최고 참모로서 제나라를 최고의 부국강병으로 만들 수 있었던 또 하나의 덕성이었으리라.

맹자의 평가 ; 최고지도자를 보좌한 탁월한 참모

『맹자』에서도 관중은 결코 소홀하게 평가되지만은 않는다. 『맹자』「공손추(公孫丑)」에 기록된 맹자와 공손추의 대화를 보자.

"선생께서 만일 제나라에서 요직을 맡는다면 관중과 안자의 공적을 다시 기대할 수 있겠습니까?"

"그대는 진정한 제나라 사람입니다. 관중과 안자를 알고 계시는군요. 어떤 사람이 증자의 아들인 증서에게 묻기를 '그대와 자로는 누가 더 어진가요?' 하니 증서가 불안해하면서 말하기를 '자로는 우리 아버님도 두려워하신 사람입니다.'라고 하였습니다. 다시 '그렇다면 그대와 관중은 누가 더 어진가요?' 하고 물으니, 증서가 내키지 않는 듯 이렇게 말했습니다. '그대는 어찌 나를 관중과 비교합니까? 관중은 군주의 신임을 독차지하였고 국정을 오래도록 독점하였는데도 왕도를 시행하지 못하고 패도를 행하여 공로가 저렇게 낮습니다. 어찌 나를 이런 사람에게 비교합니까?' 이처럼 관중은 증서와 같은 사람도 하지 않으려는 것인데, 그대는 그 일을 나에게서 원한단 말입니까? 관중은 자신의 군주를 천하의 패자로 만들었고, 안자는 자신의 군주 이름을 드러나게 했습니다. 이런 일이 썩 내키는 것은 아니지만, 지금처럼 세상이 어지러울 바에야 오히려 한번 해볼 만한 일이기도 합니다."

또한 맹자는 관중을 훌륭한 신하의 반열에 자리매김하기도 한다.

장차 크게 훌륭한 일을 할 수 있는 군주는 반드시 함부로 부르지 못하는 신하가 있었다. 그리하여 상의하고 논의하려는 일이 있으면 찾아갔으니, 덕을 높이고 도를 즐거워함이 이와 같지 않으면 더불어 훌륭한 일을 할 수 없다. 그러므로 탕왕은 이윤에게 배운 뒤에 그를 신하로 삼았기 때문에 수고로움 없이 왕 노릇을 하였고, 환공은 관중에게 배운 뒤로 그를 신하로 삼았기 때문에 수고로움 없이 패자가 되었다. 지금 세상에 여러 나라가 있는데 그 크기나 규모, 정치 상황 측면에서 서로 비슷하여 특별히 뛰어나지 못함은 다른 이유가 있는 것이 아니다.

자기가 가르칠 수 있는 사람을 신하로 만들기 좋아하고 자기가
가르침 받을 수 있는 사람을 신하로 삼기를 좋아하지 않기 때
문이다. 탕왕이 이윤에 대해서 환공이 관중에 대해 감히 부르
지 못하였다.

이런 점으로 볼 때, 관중은 맹자에 의해 군주가 스승으로 삼
을 만한 인품을 지닌 정치 참모로서 평가받았다. 어쩌면 유가
에서 왕도 정치의 표본으로 자리한 맹자조차도, 자신이 추구하
는 이상적인 정치의 모습을 관중에게서 찾으려고 한 것은 아닐
까? 현실 정치를 잘 소화해낸 관중을 통해 자신의 속내를 드러
내지는 않았는지 고려해볼 만하다.

사마천의 관중 인식

사마천은 유명한 『사기』의 「관안열전」에 관중을 올려놓았다.
이는 그 순서만큼이나 관중이 중요한 인물임을 보여주는 것이
다. 그의 기록을 읽어보자. 그러면 공자나 맹자가 평한 것과는
또 다른 관중의 모습이 선명하게 그려질 수 있다.

관중은 영수 유역 출신이다. 그는 젊은 시절에 항상 포숙과
어울려 지냈는데, 포숙은 그의 재덕을 알아주었다. 가난한 관
중은 수시로 포숙을 속였다. 그러나 포숙은 늘 그를 잘 대해주
었으며, 그런 일로 이러니저러니 따지지 않았다. 얼마 후에 포
숙은 제나라 공자 소백을 섬기게 되었고, 관중은 공자 규를 섬
기게 되었다. 소백이 즉위하여 제나라의 환공이 되고 규가 죽

자 관중은 잡혀 옥에 갇히게 되었다. 그러자 포숙이 관중을 조정에 천거하였고, 포숙의 간청으로 관중은 등용되어 제나라의 국정을 맡게 되었다. 이로 인해 환공은 천하의 패자가 되어 제후들과 여러 차례 회맹하고 천하를 바로 잡았다. 이는 모두 관중의 정치적 지혜와 역량에 의한 것이었다.

관중은 이렇게 말하였다.

"내가 예전에 곤궁할 때 포숙과 함께 장사를 한 적이 있었는데, 이익을 나눌 때 내가 더 많이 차지하기가 일수였다. 그럼에도 포숙은 나를 탐욕스럽다고 여기지 않았다. 왜냐하면 내가 가난한 것을 알고 있었기 때문이다.

내가 예전에 포숙을 대신해서 어떤 일을 벌이다가 실패하여 그를 곤경에 빠트린 적이 있었다. 그러나 포숙은 나를 어리석다고 여기지 않았다. 왜냐하면 그는 시운이 좋을 때와 나쁠 때가 있음을 알았기 때문이다.

또 내가 일찍이 세 번이나 벼슬길에 나섰다가 세 번 모두 군주에게 내쫓기고 말았으나 포숙은 나를 못났다고 여기지 않았다. 그것은 내가 아직 때를 만나지 못했다고 생각해 주었기 때문이다.

그리고 내가 세 번 싸움에 나가 세 번 모두 도망쳤을 때에도 포숙은 나를 겁쟁이라고 여기지 않았다. 왜냐하면 포숙은 나에게 노모가 있음을 알았기 때문이다.

공자 규가 왕위를 놓고 다투다가 패하자, 소홀은 죽고 나는 붙잡혀 굴욕을 당했다. 이때도 포숙은 나를 수치도 모르는 자라고 여기지 않았다. 왜냐하면 내가 사소한 일에는 수치를 느끼지 않으나 천하에 공명을 날리지 못하는 것을 부끄럽게 여기고 있음을 알았기 때문이다.

나를 낳아 준 것은 부모이지만 나를 알아주는 것은 포숙이다.

포숙은 관중을 천거한 후에 자신은 아랫자리에 있으면서 관중을 받들었다. 포숙의 자손들은 대대로 제나라의 봉록을 받으며 봉읍지를 10여 대 동안 소유하면서, 항상 명대부의 집안으로서 세상에 알려졌다. 그래서 세상 사람은 관중의 재덕을 칭찬하기보다는 사람을 잘 알아보는 포숙을 더욱 칭찬하였다.

관중이 제나라의 재상이 되어 국정을 맡자, 작기는 하지만 해안을 낀 제나라는 산물을 교역하고 재물을 축적하여 부국강병에 힘쓰게 되었으며, 정치지도자들은 국민과 고락을 함께하였다. 그러므로 관중은 이렇게 말하였다.

국민은 곡식창고가 가득 차야만 예절을 알며, 의식이 풍족해야만 영욕을 알게 된다. 최고지도자가 법도를 준수하면 육친이 굳게 단결하게 되고, 예의염치(禮義廉恥)가 해이해지면 나라는 멸망하게 된다. 위에서 내린 명령은 물이 얕은 곳으로 흐르듯이 민심에 순응하게 된다.

그러므로 나라에서 논의된 정책은 평이하여 국민이 실행하기 쉬웠으며, 국민이 원하는 것은 원하는 대로 베풀어주고 국민이 반대하는 것은 그들의 뜻대로 없애 주었다.

관중이 정사를 시행할 때는 화가 될 일도 잘 이용하여 복이 되게 하고, 실패하게 될 일도 잘 처리하여 성공하게 하였으며,

일의 경중을 잘 헤아리고 그 득실을 저울질하는 데 신중했다. 예를 들면 환공이 실제로는 부인이었던 소희의 일로 화가 나서 남쪽으로 채나라를 공격한 것인데, 그때 관중이 채나라와 근접한 초나라를 함께 공격하여 초나라가 주 왕실에 포모를 바치지 않은 것을 꾸짖었던 것이다. 또 다른 사실은 환공이 북쪽으로 산융을 정벌한 것인데, 관중은 그 기회에 연나라에게 소공의 선정을 실행하도록 한 것이다. 또한 가에서 회맹할 때 환공이 조말과 약조한 것을 어기려고 하자, 관중이 그 약조를 지키도록 하니, 이 일을 보고 여러 제후들이 제나라에 순복하였던 것이다. 그러므로 "주는 것이 바로 얻는 수단임을 아는 것이 정치의 비결"이라는 말이 있는 것이다.

관중의 재산은 제나라 왕실의 재산만큼이나 많아 일반인으로서는 상상할 수 없을 정도였으나, 제나라 사람들은 이를 사치스럽다고 여기지 않았다. 관중이 죽은 후에도 제나라에서는 그의 정책을 받들어 언제나 다른 제후국보다 강성하였다.

태사공은 말하였다.

"내가 관중의 「목민」 「산고」 「승마」 「경중」 「구부」를 읽어보니 내용이 매우 상세하였다. 그의 저서를 읽고 나니 그의 행적을 알고 싶어 전기를 쓰기로 하였다. 그의 저서는 세상에 많이 나와 있으므로 여기서는 논하지 않고 세상에 알려지지 않은 일화만을 기록하였다.

관중은 세상 사람이 흔히 말하는 어진 신하였으나 공자는 그를 소인이라고 하였다. 이것은 주왕조가 쇠락한 상황에서 환공이 현인이었음에도 불구하고 그를 도와 왕도를 실행하지 않고 다만 제후 중에서 패자로서 이름만을 떨치게 하였기 때문인가? 옛말에 '임금의 장점을 길러주고 결점을 바로잡아주어야만 상하가 서로 친목해지는 것이다.'라고 하였는데, 이것이 어찌 관중을 두고 하는 말이겠는가?"

에필로그; 우정과 신뢰의 현실적 리더십

우리는 관중에 관한 사마천의 기록을 다시 심사숙고할 필요가 있다. 그곳에는 매우 은미한 인간의 길이 숨어 있다. 한 마디로 표현하기 어려운 사람의 정감이 배어 있다. 특히 관중과 포숙의 이해와 배려, 그 사이 세계의 행간을 제대로 읽을 수 있다면, 삶의 절반은 성공한 것이리라.

우리에게 너무나 익숙한 관포지교는 관중과 포숙의 이야기로, 우정의 상징으로 우리에게 다가온다. 왜 그들의 관계를 친구 사이에 형성될 수 있는 최고의 경지로 묘사하는 것일까? 고사를 잘 살펴보면, 그들 사이가 단순히 평소에 신의가 있고, 일상생활에서 재미있게 잘 지냈기 때문이 아님을 알 수 있다. 사실 우정의 요건, 그 핵심은 다른 데 있었다.

앞에서 본 것처럼, 사마천은 『사기』「관안열전」에서 그들의 얘기를 구체적으로 적고 있다. 다시 강조하지만, 사마천이 그 많은 인물 중에서도 그의 「열전」 두 번째에 이들을 자리매김하는 것으로 그 위상을 짐작할 수 있다. 주요 내용을 간추려보면서 다시 읽어보자.

첫 번째 일화는 장사할 때의 사연이다. 관중과 포숙은 어렸을 때부터 사귄 죽마고우였고, 젊은 시절 둘은 함께 장사를 했다. 그런데 언제나 이익금을 관중이 많이 챙겨갔다. 주변 사람들은 관중을 의리 없는 녀석이라고 욕을 했다. 하지만 포숙은 관중에게 화내지 않았다. 오히려 관중을 변호했다.

"관중은 가난하다. 딸린 식구도 많다. 절대 욕심이 많아 그런 것이 아니다!"

두 번째 이야기는 전쟁에 나갔을 때의 일이다. 당시 중국은 힘으로 패권을 좌지우지되던 전쟁의 시기, 이른바 춘추시대였다. 관중과 포숙도 예외는 아니어서 함께 전쟁터에 불려나갔다. 전투는 한창 치열한데, 관중은 언제나 대열의 후미에서 자기 몸 가누기에 바빴다. 그러다 싸움이 끝나면 맨 앞에서 걸어오곤 했다. 얼마나 비열하게 보였을까. 전투에 참가했던 사람들이 관중을 겁쟁이 같은 녀석이라고 욕을 해댔다. 그때마다 포숙은 동료를 향해 소리쳤다.

"관중은 절대 비겁하거나 용기가 없어서 그런 것이 아니다. 그는 늙은 어머니를 모시고 있다. 몸을 아껴 어머니에게 길이 효도하려는 갸륵한 마음이 그에게 있다. 당신들이 이런 상황이라면 어떻게 했을 것 같은가!"

세 번째 얘기는 관중과 포숙이 서로 다른 정파에 속해 있을 때 이야기다. 당시 정쟁은 목숨이 왔다 갔다 하는 상황이었다. 관중과 포숙은 어른이 되어 둘 다 높은 관직에 올랐다. 말하자면, 정치가로 성공해서 요직에 있었던 것이다. 한 치 앞을 예측하기 힘든 혼란한 시기인지라 각자 삶의 기준에 따라 행동했다. 그런데 관중은 왕위 쟁탈 과정에서 반역의 무리가 되었다. 왕위를 차지하려는 환공을 원칙에 어긋난다는 이유로 죽이려 했다. 그러나 그는 죽지 않고 왕이 되었고, 관중은 사로잡혀 그 앞에 끌려 왔다. 곧 죽을 목숨이 되고 말았다. 이때 포숙은 왕의 측근이었다. 얼마나 난감했겠는가? 하지만 포숙은 왕에게 관중을 죽이라고 말하지 않는다. 오히려 재상에 앉히라고 권고한다. 왕이 죽이려 한 인물을 재상에 앉히라니? 목숨을 내놓은 행위나 다름없었다. 간곡한 권고 끝에 왕도 포숙을 믿는 터라 관중을 재상에 앉혔다.

이어서 더 위대한 일이 벌어진다. 포숙은 조용히 관중 밑에서 벼슬했던 것이다. 이유는 간단하다. 포숙이 그렇게 한 것은 친구 사이의 사적인 감정 때문이 아니었다. 포숙은 관중의 재능을 인정했다. 타인에 대한 진실한 배려와 진정한 이해가 실천되는 순간이었다.

두 사람의 인생은 어떤가? 특히 포숙의 행동을 보면서 어떤 생각이 드는가? 포숙은 언제나 관중을 이해하고 변호했으며, 관중은 현실을 파악하고 그에 잘 적응했다. 그런 영향인지 중국 역사에서 관중은 현실 개혁적 인물로 존경받고 있다. 특히, 춘추시대 초기 제나라를 가장 힘 있는 나라로 만든 장본인이 기 때문에 더욱 그러하다. 그러나 사마천은 "세상 사람은 관중 의 뛰어난 재능과 경륜보다도 포숙의 사람 알아보는 혜안을 더 높이 샀다."라고 하며 포숙을 높였다. 동시에 공자의 '소인, 혹은 작은 그릇'이라는 논평을 보류하고, 관중을 어진 참모, 훌륭한 정치 역량을 지닌 인물로 평가했다.

관중과 포숙의 인간관계, 그 속에 무엇이 보이는가?

다시 강조하면 관중은 앉아서 생각하는 철인이 아니라 일어 서서 실천하고 역사(役事)하는 철인이었다. 그는 시대 문제를 해 결하는 것을 철학사상의 과제로 삼았다. 때문에 철학자로서 형 이상학을 다룬다거나 관념적으로 사색하는 차원에서는 한계가 있었다. 그러나 현실의 문제를 푸는 데 필요하고 유용한 것이라 면 어떠한 이론과 이상도 폭넓게 포용했다. 그의 철학 사상에 는 다양성과 개방성이 있다. 그 결과 한계를 지닌 철학자치고는 오히려 편협하지 않은 깊은 사색과 전망이 돋보인다.

관중은 주왕실이 천하를 통치하는 능력을 상실하고 열강제 후들이 기존의 질서에서 이탈하며 시부시군(弑父弑君)과 같은 인륜질서·정치질서가 붕괴되는 사태를 심각하게 우려했다. 이 러한 그의 예견은 화하족(華夏族) 내부의 혼란으로 표출되고 급 기야 이족(異族)의 침범을 자초하여 중원에 구축되었던 인문 문 화와 민족 역사가 유린당하는 것으로 이어졌다. 시급한 현실 문제 해결을 자임했던 관중은 주나라 문화와 정치체제를 존중하고 삼대에 걸쳐 어렵게 구축된 전통문화, 수많은 시행착오를 거쳐 터득한 교훈 등을 종합적으로 원용하여 문제해결 방법으로 삼았다. 이 점은 동주(東周) 이후 한때 사상의 공백기에 빠졌던 이른바 '변풍(變風)' 시대의 위기를 극복하는 데 큰 효과를 거둔 것으로 보인다.

인간 삶에서 가장 큰 위기는 '사상의 붕괴(心死)'다. 사상의 공허, 자신을 잃은 자포자기, 자기 문화에 대한 불신보다 큰 위기는 없다. 때문에 관중이 제일 먼저 강구한 것은 문화에 대한 신심(信心) 회복, 전통의 계승 발전에 대한 의무감의 자각이었다.

관중의 사고는 한 마디로 실제적이고 현실적이다. 관중은 정책 제시를 통해 자기 시대의 문제 해결을 철학 과제로 삼았다. 그는 당시 제나라의 현실 문제를 해결할 수 있는 유용한 것이라면 어떠한 이론과 논리도 폭넓게 수용하려는 다양성과 개방성을 지니고 있었다.

『관자』의 현실주의 사상은 정치경제적으로 볼 때, 복합적이고 통섭적이며 유기적이다. 정치에 법치와 도덕이 함께 녹아 있기도 하고, 경제적으로 국가의 부와 국민의 부가 화해와 조화를 시도하면서, 사농공상이 제각기 근본에 힘쓸 것을 권장한다. 여기에서 교육은 그것을 달성하기 위한 주요한 보조 장치로 등장한다.

관중은 정치의 측면에서 법을 내세우고는 있지만, 도덕 교화의 필연성을 인식하고 교육을 강조한다. 진정한 부국강병을 위해 존승자로서의 국민과 피치자로서의 국민을 오묘하게 조절하는 방식을 제시한다. 그것은 현실적으로 법치와 도덕의 결합이다.

경제적 측면에서는 경제의 원칙을 국가를 본위로 하지만 반드시 국민의 '잘삶'을 동시에 거론한다. 이는 국민 개인의 생업과 국가 재정의 균형을 도모하는 상생의 경제학이다. 또한 농업을 근본으로 하지만, 공업과 상업의 발달을 통해 부를 축적하고, 국가부강을 도모하는 실물 경제의 활성화를 꾀하였다. 정치와 경제적 노력은 국가의 존망과 연관된 군대의 양성과 유지로 이어진다. 그것은 국민의 피해를 최소화하고 경제적 부담을 줄이는 방향에서 농민 조직을 군사 조직과 일치하게 구성하는 작업이었다. 여기에서 교육은 궁극적으로 정치·경제·군사의 통일체를 더욱 견고하게 만드는 작업과 통한다. 즉 교육은 교화와 학습을 통해 국가 부강과 경제의 활성화, 국민의 삶 향상에 적극적으로 기여한다.

『관자』에서는 예의를 근본으로 하는 도덕의 측면과 사민의 분업을 통한 직업의 측면을 매우 강조하였다. 도덕과 의리를 강조하는 예의 지향은 가정과 사회, 국가 등 공동체의 질서를 규정하고 지속력을 갖게 하는 예방 차원의 정치적 교화다. 직접적 생존과 관련되는 네 계급에 대한 전문 직업의 지향은 개인의 생명을 유지하고 계급의 존속과 관련되는 개인의 생존권 보장 차원에서 논의된다.

총괄해 보면, 『관자』의 현실주의 사고는 당시 혼란의 와중에서 최고의 국가를 건설하려는 의지의 반영으로 볼 수 있다. 부국강병을 위해 '정치·경제·군사'적 통일체를 염원하는 가운데, 교육은 적극적으로 그것에 개입하여 그 지반을 튼튼하게 다지는 역할을 했다고 판단된다.

1) 한국에서 관중의 사상을 집대성한 『관자』를 전문적으로 연구한 학
   자는 상대적으로 적은 편이다. 그 이유는 여러 가지가 있겠지만, 유
   가나 도가, 불교 등 학문적 정체성을 지닌 학문 연구에 비해, 『관
   자』는 문헌의 위작僞作 논란이나 신빙성 문제, 사상적 혼합 등 텍
   스트 자체에 한계가 있고, 이로 인해 동양철학 연구들이 깊이 파
   고들지 않은 것으로 판단된다. 그러나 『관자』는 유가, 도가, 법가 등
   중국 고대 사상이 종합적으로 얽혀 있는 주요한 텍스트로서 동양
   의 사유를 밝히는 데 소중한 문헌임에는 분명하다. 현재 중국에서
   는 정치 경제적 측면에서 논저 및 주석서가 활발하게 출간되고 있
   고, 한국에서는 2006년 12월에 김필수·고대혁·장승구·신창호가 공
   역한 『관자』가 최초로 완역되었다. 이외에 논문으로는 김충렬, 「管
   仲의 政經思想과 철학사적 位相」(1990)을 비롯하여, 김지수, 「管子
   의 法思想 槪觀」(1990), 박봉주, 「齊國 經濟와 管子의 經濟政策論」
   (1995), 박석준·최승훈, 「管子 四篇 등에 나타난 精氣說 考察」(1993),
   심우섭, 「管子 政治哲學思想의 現代的 照明」(1999), 김예호, 「稷下 黃
   老學派의 政治哲學 硏究-직하 황로도가와 황로법가의 도법론을 비
   교 분석하여-」(2005), 심경호, 「조선 후기 지성사와 제자 백가-특히
   『관자』와 『노자』의 독법과 관련하여」(2007), 남상호, 「중정화조(中正
   和調)를 기초로 한 관자의 목민철학의 방법」(2008) 등 철학, 정치,
   경제, 의학과 관련된 10여 편의 연구 성과가 있으나, 공자나 맹자,
   순자, 노자나 장자, 불교 등에 비해 연구가 활발한 편은 아니다.
2) 제나라의 직하에서 성행한 학파를 가리킨다. 전국시대 제나라의 위
   왕, 선왕은 도성 서쪽의 직문 곁에 학당을 세우고, 세상의 학자들을
   초빙하여 학문을 강론하게 했다. 이때 전국 각지에서 모여든 제자백
   가를 총괄하여 직하학파라고 한다.
3) "근본에 힘쓰고 말단을 다스린다."라는 사상이다.
4) 일반적으로 '은나라'라고 한다.
5) 덕이 있고 훌륭한 사람을 존중하는 풍토로 중국 고대 정치의 전형
   을 보여준다.
6) "왕실을 존중하고 이민족을 배척한다."라는 사상을 말한다. 이러한
   사상의 원형은 『춘추』에서 찾아볼 수 있는데, 주나라 왕실의 권위

를 회복하고 그것을 통해 당시의 문란한 사회기강을 바로잡으려는
의도가 내포되어 있다. 이러한 명분론적 사고방식이 '존왕양이' 사
상의 토대가 된다.

7) 점포를 가지고 장사하는 상인을 의미한다.

8) 「제자직」은 한편 온전한 교육론, 특히 제자의 직분과 연관된 학생
론(學生論)이지만, 『관자』의 다른 편과 유기적 연관이 상대적으로
미약하고, 유가의 사유와 유사한 측면이 많은 동시에 너무나 널리
알려졌다.

9) 관중이 받은 시호가 '경(敬)'이다. 그래서 후대 사람들은 관중을 관
경중(管敬仲)이라고도 불렀다. 그것이 관중의 효제경로(孝悌敬老)를
강조하는 사상과 연관이 있는 것은 아닌지 추측해볼 만하다.

참고 문헌

『관자』『여씨춘추』『논어』『맹자』『중용』『사기』

W. A. Rickett. GUANZI(『管子』). Princeton: Princeton University Press, 1985.

姜濤.『管子新注』. 濟南: 齊魯書社, 2006.

高連欣.『管子傳』. 河北: 花山文藝出版社, 1995.

郭沫若.『管子集校』(全3冊). 北京: 人民出版社, 1984.

金谷治.『管子の研究-中國古代思想史の一側面』. 東京: 岩波書店, 1987.

김예호.「稷下 黃老學派의 政治哲學 研究-직하 황로도가와 황로법가의 도법론을 비교 분석하여-」.『시대와 철학』제16권 3호, 시대와 철학, 2005.

김지수.「管子의 法思想 槪觀」. 한국법사학회.『法史學研究』제11권, 1990.

김충렬.「管仲의 政經思想과 철학사적 位相」.『대동문화연구』제25권, . 성균관대학교 대동문화연구원, 1990.

김충렬.『중국철학사』. 서울: 예문서원, 1994.

김필수·고대혁·장승구·신창호(공역).『관자』. 서울: 소나무, 2006.

남상호.「중정화조(中正和調)를 기초로 한 관자의 목민철학의 방법」.『동서철학연구』제47호, 한국동서철학회, 2008.

黎翔鳳 撰.『管子校注』(全3冊). 北京: 中華書局, 2004.

巫宝三.『管子經濟思想研究』. 北京: 中國社會科學出版社, 1989.

박봉주.「齊國 經濟와 管子의 經濟政策論」,『東洋史學研究』제52집, 동양사학회, 1995.

박석준·최승훈.「管子 四篇 등에 나타난 精氣說 考察」,『동의병리학회지』제8권, 대한동의병리학회, 1993.

司馬遷. 정범진 외 옮김.『史記』. 서울: 까치, 1995.

徐漢昌.『管子思想研究』. 臺北: 學生書局, 1990.

盛廣知 譯注.『管子譯註』. 長春: 吉林文史出版社, 1998.

松本一男.『管子』. 東京: 德間書店, 1998.

신창호. 「『管子』의 現實主義 思想과 敎育觀」. 동양고전학회. 『동양고전
연구』 제32집, 2008.

신창호. 『사람, 하나를 심어 백을 얻어야-배려와 교육의 시선으로 읽는
관자』. 고양: 서현사, 2009

심경호. 「조선 후기 지성사와 제자백가-특히 『관자』와 『노자』의 독법과
관련하여」. 『한국실학연구』 제13권, 한국실학학회, 2007.

심우섭. 「管子 政治哲學思想의 現代的 照明」, 『東洋哲學硏究』 제21권,
동양철학연구회, 1999.

安井衡. 『管子纂詁』. 東京: 富山房, 1985.

楊家駱(編). 『管子』. 臺北: 世界書局, 1990.

王瑞英. 『管子新論』. 臺北: 大立出版社, 1983.

月洞 讓. 東洋思想研究會 編譯. 『管子』. 서울: 知文社, 1990.

越宗正·王德敏 編. 『管子研究』. 濟南: 山東人民出版社, 1987.

李勉 註釋. 『管子今註今釋』(上下). 臺灣: 商務印書館, 1984.

張固也. 『管子研究』. 濟南: 齊魯書社, 2006.

張友直. 『管子貨幣思想考釋』. 北京: 北京大學出版社, 2002.

趙 靖. 『中國古代經濟思想史』. 北京: 人民出版社, 1986.

朱伯崑. 『管子的國家管理學說』. Singapore Univ.: IEAP, 1989.

周俊敏. 『管子經濟倫理思想研究』. 長沙: 岳麓書社, 2003.

胡家聰. 『管子新探』. 北京: 中國社會科學出版社, 1995.

관자 최고의 국가건설을 위한 현실주의

펴낸날   **초판 1쇄 2013년 4월 30일**

지은이   **신창호**
펴낸이   **심만수**
펴낸곳   **㈜살림출판사**
출판등록   **1989년 11월 1일 제9-210호**

주소   **경기도 파주시 문발동 522-1**
전화   **031-955-1350   팩스 031-955-1355**
기획·편집   **031-955-4671**
홈페이지   **http://www.sallimbooks.com**
이메일   **book@sallimbooks.com**

ISBN   **978-89-522-2644-0   04080**

※ 값은 뒤표지에 있습니다.
※ 잘못 만들어진 책은 구입하신 서점에서 바꾸어 드립니다.

책임편집 **박종훈**

026 미셸 푸코
`eBook`

양운덕(고려대 철학연구소 연구교수)

더 이상 우리에게 낯설지 않지만, 그렇다고 손쉽게 다가가기엔 부담스러운 푸코라는 철학자를 '권력'이라는 열쇠를 가지고 우리에게 열어 보여 주는 책. 권력은 어떻게 작용하는가에서 논의를 시작하여 관계망 속에서의 권력과 창조적·생산적·긍정적인 힘으로서의 권력을 이야기해 준다.

027 포스트모더니즘에 대한 성찰
`eBook`

신승환(가톨릭대 철학과 교수)

포스트모더니즘의 역사와 논의를 차분히 성찰하고, 더 나아가 서구의 근대를 수용하고 변용시킨 우리의 탈근대가 어떠한 맥락에서 이해되는지를 밝힌 책. 저자는 오늘날 포스트모더니즘으로 대변되는 탈근대적 문화와 철학운동은 보편주의와 중심주의, 전체주의와 이성 중심주의에 대한 거부이며, 지금은 이 유행성의 뿌리를 성찰해 볼 때라고 주장한다.

202 프로이트와 종교
`eBook`

권수영(연세대 기독상담센터 소장)

프로이트는 20세기를 대표할 만한 사상가이지만, 여전히 적지 않은 논란과 의심의 눈초리를 받고 있다. 게다가 신에 대한 믿음을 빼앗아버렸다며 종교인들은 프로이트를 용서하지 않을 기세이다. 기독교 신학자인 저자는 이 책을 통해 종교인들에게 프로이트가 여전히 유효하며, 그를 통하여 신앙이 더 건강해질 수 있다는 점을 보여 주려 한다.

427 시대의 지성 노암 촘스키
`eBook`

임기대(배재대 연구교수)

저자는 노암 촘스키를 평가함에 있어 언어학자와 진보 지식인 중 어느 한 쪽의 면모만을 따로 떼어 이야기하는 것은 불합리하다고 말한다. 이 책에서는 촘스키의 가장 핵심적인 언어이론과 그의 정치비평 중 주목할 만한 대목들이 함께 논의된다. 저자는 촘스키 이론과 사상의 본질에 다가가기 위한 이러한 시도가 나아가 서구 사상을 받아들이는 우리의 자세와도 연결된다고 믿고 있다.

024 이 땅에서 우리말로 철학하기

이기상(한국외대 철학과 교수)

우리말을 가지고 우리의 사유를 펼치고 있는 이기상 교수의 새로운 사유 제안서. 일상과 학문, 실천과 이론이 분리되어 있는 '궁핍의 시대'에 사는 우리에게 생활세계를 서양학문의 식민지화로부터 해방시키고, 서양이론의 중독으로부터 벗어나야 한다고 역설한다. 저자는 인간 중심에서 생명 중심으로의 변화와 관계론적인 세계관을 담고 있는 '사이 존재'를 제안한다.

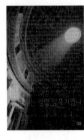

025 중세는 정말 암흑기였나   eBook

이경재(백석대 기독교철학과 교수)

중세에 대한 친절한 입문서. 신과 인간에 대한 중세인의 의식을 다루고 있는 이 책은 어떻게 중세가 암흑시대라는 일반적인 인식을 가지게 되었는지에 대한 물음을 추적한다. 중세는 비합리적인 세계인가, 중세인의 신앙과 이성은 어떠한 관계를 갖고 있는가 등에 대한 논의를 하고 있다.

065 중국적 사유의 원형   eBook

박정근(한국외대 철학과 교수)

중국 사상의 두 뿌리인 『주역』과 『중용』을 철학적 관점에서 접근한다. '산다는 것은 무엇인가?'라는 근원적 질문으로부터 자생한 큰 흐름이 유가와 도가인데, 이 두 사유의 흐름을 거슬러 올라가다 보면 그 둘이 하나로 합쳐지는 원류를 만나게 된다. 저자는 『주역』과 『중용』에 담겨 있는 지혜야말로 중국인의 사유세계를 지배하는 원류라고 말한다.

076 피에르 부르디외와 한국사회   eBook

홍성민(동아대 정치외교학과 교수)

부르디외의 삶과 지적들을 통해 그의 사상을 쉽게 소개해 주고 이를 통해 한국사회의 변화를 호소하는 책. 저자는 부르디외가 인간의 행동이 엄격한 합리성과 계산을 근거로 행해지기보다는 일정한 기억과 습관, 그리고 사회적 전통에 영향을 받는다는 사실로부터 시작한다는 점을 강조한다.

096 철학으로 보는 문화 `eBook`

신응철(숭실대 인문과학연구소 연구교수)

문화와 문화철학 연구에 관심 있는 사람을 위한 길라잡이로 구상된 책. 비교적 최근에 분과학문으로 등장하기 시작한 문화철학의 논의에 반드시 들어가야 할 요소를 선택하여 제시하고, 그 핵심 내용을 제공한다. 칸트, 카시러, 반 퍼슨, 에드워드 홀, 에드워드 사이드, 새무얼 헌팅턴, 수전 손택 등의 철학자들의 문화론이 소개된다.

097 장 폴 사르트르 `eBook`

변광배(프랑스인문학연구모임 '시지프' 대표)

'타자'는 현대 사상에 있어 가장 중요한 개념 중 하나이다. 근대가 '자아'에 주목했다면 현대, 즉 탈근대는 '자아'의 소멸 혹은 자아의 허구성을 발견함으로써 오히려 '타자'에 관심을 갖게 되었다. 그리고 타자이론의 중심에는 사르트르가 있다. 사르트르의 시선과 타자론을 중점적으로 소개한 책.

135 주역과 운명 `eBook`

심의용(숭실대 강사)

주역에 대한 해설을 통해 사람들의 우환과 근심, 삶과 운명에 대한 우리의 자세를 말해 주는 책. 저자는 난해한 철학적 분석이나 독해의 문제로 우리를 데리고 가는 것이 아니라 공자, 백이, 안연, 자로, 한신 등 중국의 여러 사상가들의 사례를 통해 우리네 삶을 반추하는 방식을 취한다.

450 희망이 된 인문학 `eBook`

김호연(한양대 기초 · 융합교육원 교수)

삶 속에서 배우는 앎이야말로 인간의 운명을 바꿀 수 있는 기회를 준다. 그래서 삶이 곧 앎이고, 앎이 곧 삶이 되는 공부를 하는 것이 무엇보다 중요하다. 저자는 인문학이야말로 앎과 삶이 결합된 공부를 도울 수 있고, 모든 이들이 이 공부를 할 수 있어야 한다고 믿는다. 특히 '관계와 소통'에 초점을 맞춘 인문학의 실용적 가치, '인문학교'를 통한 실제 실천사례가 눈길을 끈다.

철학 · 사상

eBook 표시가 되어있는 도서는 전자책으로 구매가 가능합니다.

(주)살림출판사
www.sallimbooks.com
주소 경기도 파주시 문발동 522-1 | 전화 031-955-1350 | 팩스 031-955-1355